改訂新版

非営利団体の 資金調達 ハンドブック

ファンドレイジング・ラボ
徳永洋子

本文デザイン・装幀／高橋洋一

は じ め に

■ 本書について

　社会は、たくさんの課題を抱えています。少子高齢化、経済格差、震災からの復興といった国内の課題、さらに、紛争、飢餓、地球温暖化などの国際的な課題が、さまざまな形で私たちの生活にも影を落とし、未来への不安を抱かせています。

　また、次の世代に遺したい伝統や文化も、その保護と継承が課題となっています。そして国や自治体だけでこれらの課題を解決していくのは無理だと皆が感じています。

　そこで、こうした社会の課題を「民間の力で解決していこう！」と、日本各地で、さらには世界に向かって活動している人たちがいます。NPO法人、社団法人、財団法人や社会福祉法人といった民間の非営利団体、広義のNPO（＝Nonprofit Organization）の人たちです。

　活動の分野も、子育て支援、高齢者支援、障がい者支援、人権保護、環境保護、途上国支援、国際交流、芸術・スポーツ・学術振興など多義にわたります。彼らが、困っている人たちを助けたり、社会をよりよくしていこうと活躍する姿は、新聞やテレビでも毎日のように報道され、社会から大きな期待が寄せられています。

　しかし、こうした団体の多くが、課題解決に取り組む際に必要な資金を集めることに苦労しています。社会の課題解決や明るい未来の実現に取り組む団体の財政基盤が脆弱では、その活動の持続可能性が危ぶまれます。そこで、求められるのが、「資金調達力」（ファンドレイジング）です。

　本書は、NPO法人、社団法人、財団法人や社会福祉法人といった民間の非営利団体が、その活動資金を調達していくためのノウハウをまとめたものです。私がこれまでに経験したことやファンドレイジングの先進事例をたくさん持つ米国などの方法から学んだものを、日本にとって有効な形に調整し、あますことなく提供します。具体的には、資金調達の基本とな

る、「団体・個人としての準備（第1章・第2章・第3章）」を説明し、ファンドレイジングの考え方を「寄付（第4章）」「会員（第5章）」「イベント開催（第6章）」「助成金（第7章）」「事業収入（第8章）」といった具体的な資金源における調達方法を解説します。

　また、団体の資金調達の現場で必要となる各種レターやメールのひな型やチェックシートを盛り込んで、実用書としてすぐに役立てていただけるように努めました。

■ ファンドレイジングとは

　本書のサブタイトルは、「ファンドレイジングに成功するポイントのすべて」です。「ファンドレイジング（fundraising）」とは、「非営利団体の資金調達」を意味する英語ですが、「ファンドレイジング」は非営利セクターにおける、社会を変えていこうという思いを持つ人たちにとっての共通語です。ファンドレイジングのノウハウを世界基準で進化させていくことが大切だと、かつて、ヨーロッパファンドレイジング協会のロバート・カワルコ氏が来日された際に話していたことを今でも覚えています。世界中で同じ語を使うことで基本的な考え方やノウハウが共有されるとおっしゃるご自身は、ポーランド語を話されるポーランド人でした。

　「ファンドレイジング」の基本的な考え方は、単に団体の活動資金をたくさん調達できれば完結するというものではありません。資金を募る過程で、団体と人々がつながり、共感の輪が広がって寄付やボランティアといった支援者が増えていく、あるいはちょっとした生活習慣や他人への態度を変えていくということが、社会を、そして未来をより良いものにしていきます。「ファンドレイジング」は単なる資金調達にとどまるものではなく、社会を変えていく仲間を増やすことです。

　本書が、「社会を変えるファンドレイジング」に取り組む際の一助になれば幸いです。

改 訂 に あ た っ て

　本書は、NPO法人、社団法人、財団法人や社会福祉法人といった民間の非営利団体（＝広義のNPO）が資金調達を行う際のハンドブックとして、現場ですぐに活用できるものを目指して、2015年に初版を刊行しました。幸いにも多くの方にお読みいただき、これまで増刷を重ねてきましたが、今回、内容を見直しつつ、その充実を図り、ページ数を増やした改訂新版として刊行することとなりました。

　改訂の一番のポイントとしては、「誰かが、その団体に最初の寄付をするまでの過程」を分析して、その過程ごとに適切な対応を行うためのセオリー、「寄付者ジャーニー」という考え方をご紹介した点です。これは潜在的支援者との関係性の強化のためのセオリーで、既存の寄付者がその支援度を高めていくための「寄付者ピラミッド」と呼ばれるセオリーの前段階となるものです。「寄付者ジャーニー」と「寄付者ピラミッド」という考え方を参考にして、寄付者との関係性を構築していただけたらと思います。

　また、設立間もない団体や小規模な団体が取り組みやすい、物品寄付、街頭募金、募金箱といった寄付メニューについても解説を加えました。さらに、活動拡大に向けて助成金獲得に挑戦する団体が直面する「出口戦略」や、昨今、増加しているオンラインイベントについても加筆しました。

　そして、非営利団体への社会的関心が高まる中で、その信頼性が問われる場面も増えています。そこで、寄付集めのルールについても、この改訂版では取り上げました。

4年ほど前に発生したコロナ 2019 の感染拡大によって、社会全体が未曽有の危機に直面する中、多くの団体がチャリティーイベントや、寄付をお願いする訪問活動などを中止せざるをえなくなり、資金調達においては多大な困難が生じました。

　その一方で、コロナ禍で失業したり収入が激減したりした生活困窮者、自宅学習やオンライン授業に対応できない家庭の子どもたち、高齢者や障がい者といった社会的弱者への支援を行う団体への注目度が高まりました。

　誰もがコロナ禍でつらい思いをしながらも、「困っている人を助けたい」という思いやりの精神から寄付が集まりました。また、長期間にわたって活動中止に追い込まれたオーケストラのような芸術団体を支えたのは、その存続を望む会員や寄付者でした。さらに、地域コミュニティ財団などの多くが、コロナ禍での支援活動を展開する地域の団体を助成する緊急プログラムを提供し、同時に、その助成財団に対しては、「地域のために何か貢献したい」という人たちからの寄付が集まりました。

　コロナ禍においても、人々の思いやりと助け合いの精神を受け止めて活動を続けた民間の非営利団体は、多くの人に笑顔と勇気と希望をもたらし続けました。

　非営利団体の資金調達は、人々の善意と共にあります。この改訂版が、社会を支える善意の資金循環の一助となれば幸いです。

2023 年 7 月　徳永洋子

目　次

第 1 章

団体としての準備
～理念編～

1-1 ビジョン、ミッション、ストラテジー、そしてスローガン

ポイント

□ ビジョン、ミッション、ストラテジー、スローガンは、団体の存在意義を表す

□ ビジョンは、団体が実現したい将来の姿である

□ ミッションは、ビジョンの実現に向けて、どのように課題を解決していくかを具体的に定義する

□ ストラテジーは、ミッション達成のために何をすべきかを考えた中・長期的な計画

□ スローガンは、団体の理念や活動の目的を、簡潔に表す

> 非営利団体で最も重要なのは、ビジョン、ミッション、ストラテジー、そしてスローガンです。これらは団体の存在意義を示すものです。これらが不明確では、社会からの支援を得ることはできません。

非営利団体の活動を登山に例えてみましょう。

著名な登山家が「なぜ山に登るのですか？」と質問されて、「そこに山があるから」と答えたという話がありますが、非営利団体で活動する人たちも、それぞれの動機につながるストーリーはいろいろあっても、「なぜ活動するのですか？」と聞かれたら、「そこに解決すべき課題があるから」と答えるのではないでしょうか。

数多くの険しい山々があり、困難があり、それでも登山家が登頂するように、非営利団体の人たちも挫折しそうになっても、時には引き返したり回り道をしたりしながら、果敢に課題解決に挑戦しています。チームを組んで挑戦していく点でも、登山と似ています。

では、登山に欠かせないものは何でしょう。

目指す山頂、そこに登るのだという意志、そして登頂計画。この3つが

不可欠です。目指す頂上が分かっていて、そこに立ったときの感動や見渡せる風景がイメージできなくてはやる気は出ませんし、持続しません。

　また、「登りたい！」という強い気持ちがなければ登山はできませんし、どんなに意欲があっても、きちんと考えた計画無しに出かけたら遭難してしまいます。そして、掛け声を出し合いながら、励まし合って登ります。

　これを非営利団体に置き換えると、「山頂の風景＝ビジョン＝実現したい社会像」「山を登るということ＝ミッション＝団体の使命」「登山計画＝ストラテジー＝活動計画」「掛け声＝スローガン＝理念を端的に表すもの」となります。

1. ビジョン

　ビジョンは一言で言えば「実現したい将来像」です。それは山の頂上のように、遠くにあろうと、前人未到であろうと、自分たちが進んでいく先にあり、登山ルートが変わろうと、登山チームのメンバーが変わろうと、普遍的に存在するものです。

　非営利団体がビジョンを掲げる際も、それはある種の「夢」のように聞こえるものでよいと思います。例えば、「子育て支援のために病児保育の拠点をつくり、サービスを提供する」というのは、ビジョンではなくミッションです。この場合のビジョンは「親子がいつも笑顔でいられる社会をつくる」などが当てはまります。

　ただし、あたかも山頂に雲がかかってしまうように、時にビジョンは見失われがちです。「vision」と同じ「見る」を意味する「vis」という語根から出来ている「visible＝見える」ことが重要になります。活動メンバー、そして支援者もビジョンによって勇気づけられ鼓舞されるからです。これは、登山家が目指す山の写真を壁に貼って、それを眺めながらトレーニングをするのと同じです。

2. ミッション

　非営利団体はミッションを定款等で明文化しています。ミッションは「使命、任務」などと訳されますが、まさに組織の役割を示すものです。

ミッションにおいてはどのように課題を解決していくのかを具体的に定義します。

　ある種、「夢物語」のように見られがちなビジョンも、ミッションによって実現可能な世界観に変わっていきます。「世界平和」をビジョンに掲げていても、それだけでは、「人類の歴史に戦争のなかった時代はないのに……」と思われてしまうかもしれません。

　しかし、「子どもたちへの平和教育を行う」「若者の国際交流で相互理解を図る」といった具体的なミッションが提示されると、ビジョンに向かって前進できることが理解され、活動に参画しよう、支援しようという人々の輪が広がります。

　さて、山頂を目指す登山家チームは「登っていく」ことがミッションです。しかし、遠い未来に宇宙ステーションが人類の生活する場所になったとしたら、荒唐無稽に聞こえるでしょうが、山頂に到達するために「空から降りてくる」ことが普通になります。

　つまり、ビジョンは不変であっても、ミッションは、環境が変われば、ビジョンとの整合性を保ちつつ変わっていくものです。

3. ストラテジー

　ビジョンの実現のためのミッション実行には戦略的な取り組みが欠かせません。

　「ストラテジー＝戦略」という言葉を使うと、好戦的で好ましくないと言う人がいます。もっともな感想です。実は私もかつてはそのように感じて「長期的な総合計画」などの表現に変えたことがありました。しかし、最近はあえて「戦略的」という言葉を使っています。社会の課題の解決は「戦い」です。他者を打ち負かす戦いではなく、社会をゆがめている現実と戦う意味で「戦略」という語がふさわしいと思うのです。

　非営利団体においては、団体の状況、団体を取り巻く社会の状況をきちんと把握し、ミッション達成には何が足りないのか、足りないものはどう補完すればよいのか、何をすべきかを考え、きちんとした計画に基づいて活動を展開しないとなりません。

　山登りをするのに、体力も考えず、装備も整えず、地図も用意せず、天候も考えず、無計画に登山を始めたらどうなるでしょう。無駄な回り道を強いられるばかりか、遭難してしまいます。

　非営利団体において、戦略を表すものとして、「中期計画」の策定が求められます。中期計画の立て方は、「1-7 中期計画は、SMART（スマート）に策定」を参照してください。

4. スローガン

　団体の理念や活動の目的を簡潔に言い表すためにはスローガンが必要です。覚えやすく伝わりやすい言葉がよいでしょう。実際に声に出して言いやすいか、文字として印象に残るものかなどを検討して、ビジョンを端的に示すスローガンを作ってみてください。下記に幾つかの例を挙げます。

- 変わる、ジブン。変える、ヨノナカ（ブラストビート）
- みんなで"志金"を持ち寄るしくみ（あいちコミュニティ財団）
- 生き抜く力を、子ども・若者へ（カタリバ）
- 子どもが売られない世界をつくる（かものはしプロジェクト）
- 枠を超える、未来を創る（クロスフィールズ）
- 遠いを近いに（シャプラニール ＝市民による海外協力の会）
- うつくしい母がふえれば世界はもっとよくなる（マドレボニータ）

　どれも、素晴らしいスローガンです。言葉の力で団体の理念を社会に端的に訴えるために、スローガンを持つことが大切です。

1-2 共感を支援につなげる 「MITAS（ミタス＝満たす）」の法則

☐「Moved（感動）-Interest（関心）-Trust（信頼）-Action（行動）-Share（共有）」（「MITAS（ミタス＝満たす）」の法則）で団体への支援が生まれ、拡大していく

☐ MITAS は「ステップアップ」ではなく、「スパイラルアップ」

☐ 感動に必要なストーリーは、画像や動画でも表せる

☐ 活動に対する関心を抱いてもらうために、ストーリーに感動した人が知るべきことを感動の直後に提示する

☐ 支援してもらうために、具体的な機会を選択肢と共に提供する

団体の活動について、「素晴らしいですね。がんばってください！」と言ってくれた人の全てが、その後に具体的な支援として、寄付をする、ボランティアをするといった行動を起こしてくれるとは限りません。そこで、共感を行動につなげるための法則を、「MITAS（ミタス＝満たす）の法則」としました。MITAS は、「Moved-Interest-Trust-Action-Share」の頭文字です。

---

1. Moved（感動）

　心を動かされること、すなわち感動することは共感への入り口です。私たちは理屈よりも、「大変だ」「かわいそう」「いいなあ」という感情に動かされて、目の前にある事象への関心を抱くようになります。

　その好例がテレビのコマーシャルです。メタボなお腹にため息をつく人を見て、「こんなふうになったら大変だ！」と思ったり、衝突を回避するために自動停止する車を見て、「これはいい！」と思ったりします。

　非営利団体の活動についても、誰かの悲しみや苦しみ、悲惨な光景といったネガティブな状況を知ることや、活動によってもたらされた笑顔、

美しい光景といったポジティブな変化を知ることで、私たちは心を動かされます。

　支援者が最初に「私にも何かできることはないか？」と思うきっかけは、こうした「感動」にあります。そして感動に必要なのは「ストーリー」です。

　社会の課題解決の現場では、たくさんのストーリーが生まれています。団体への支援を募る際には、団体概要や事業説明だけではなく、活動現場で生まれたストーリー、すなわち、困難な状況にあった人が団体の活動によってどう困難を克服できたか、団体の取り組みによってどういう人たちが笑顔になっているのかといったストーリーを伝えることが大切です。

　社会の課題の中で苦しんでいる人たちの姿、その人たちを支援するために汗を流して活動する団体メンバーの姿、そして、活動によって笑顔になった人たちの姿を、文章、そして写真や動画で表現して伝えることで、感動を呼び起こしましょう。その感動が、支援への第一歩となります。

2. Interest（関心）

　感動して心が動かされると人の心は対象に引き寄せられていきます。

　先のコマーシャルの例で言えば、「メタボ解消に何が必要なのだろうか」と関心を持たせた後で、「これがいいですよ！」という商品の紹介が続きます。それを見た視聴者は「なるほど、これがいいのか」と考え始めるわけです。

　非営利団体の場合は「この課題を解決するために、こういった活動をしています」と明確に示すことで「なるほど、こういう活動は確かに必要だ。自分にできることは何だろう……」と考えてもらうように関心を引くのです。

　ここで重要なのは、「適切な情報」が感動の直後に受け取れるようにしておくことです。スピーチなら「ストーリー」を語った後に、ネット上の画像や動画なら掲載されたページに感動した人に、「知ってほしい」情報を提供して関心を満たすのです。

支援を検討する人が「知りたい」ことは、「1-4 明文化しておくべき7つのこと」を参考にして、きちんと伝わるように準備して公開しましょう。

3.　Trust（信頼）

そして次に来るのが「信頼」です。

先のコマーシャルの例でも、「なんか疑わしいな」と思ったら、商品購入には至りません。「Action（行動）」につなげるには、信頼してもらわないとなりません。非営利団体に対する信頼には、「信用＝嘘、偽りがない」ことと「信頼＝任せられる」の2つがあります。

1）信用してもらう

透明性をもって活動や資金の流れを明らかにすることが求められます。事業報告、会計報告等の報告を公開することは非営利団体の義務とされていますが、義務という以前に、社会の支援を得るためには必須です。

実際にそれらの報告書を読む人は少ないかもしれませんが、大切なのは、情報公開を怠らないという姿勢です。この姿勢が信用につながります。

2）信頼してもらう

社会の課題解決への強い思いを、信用できると思ってもらえても、「実際、あの人たちに出来るだろうか？」という疑念を抱かれたら支援してはもらえません。そのためにこれまでの成果や今後の計画を明確に示す必要があります。

その際には自分たちの活動を数値などの客観的データを用いて表すと説得力が増します。まず、団体の活動規模を表す数値、例えば「受益者数」「対象地域」「参加者数」「寄付金額」などを数値で表します。これらの変化をグラフなどで可視化することで、今後の目標値の実現性も示せます。

併せて、活動が対象地域にもたらした社会的・環境的な変化、例えば「人口増加率」「出生率」「犯罪発生率」「失業率」など自団体の活動が関与、寄与していると思われる客観的データを自治体の行っている調査結果などから探してください。それら客観的なデータと、先の活動実績データとの

相関関係を示すことができたら、まさに「社会を変えている」ことの証明となり、団体に対する信頼につながります。

4. Action（行動）

ここで初めて、行動してもらえることになります。

テレビコマーシャルの例なら、その商品やサービスを購入するという「行動」。非営利団体なら、寄付やボランティアなどの形で団体を支援するという「行動」です。ここで大切なのは「機会」がきちんと提供されていることです。商品で言えば、お店に行っても売っていないようでは、売り時を逃し、買ってもらえません。

寄付の仕方、ボランティア参加の方法が自団体のウェブサイトで分かりやすく紹介されていることが必要です。寄付しようと思ったのにその案内が見つからないと「やめた」という結果になってしまいます。

また、「ご寄付は1口1万円から」「会費は年額2万円」というメニューだけでは、5000円くらいなら寄付しようと思っていた人に「やめた」と思わせてしまいます。「ボランティアは毎週水曜日の午後6時に集合」というのでも、「これは無理！」となってしまいます。支援についての選択肢を幾つか用意して、Action の機会を幅広く提供することが大切です。

誰かが団体を知って、寄付という支援行動に至る心の動きは、「4-1寄付者ジャーニーという考えかた」を、すぐに寄付をしてもらうために団体がすべきことは、「4-4 すぐに寄付をしてもらうために」を参考にしてください。

5. Share（共有）

支援者との関係が深まると、その支援者が別の誰かに団体の良さや活動の様子を伝えてくれるようになります。Facebook のシェアといった「口コミ」での広がりは、団体が直接アクセスできていない関心層への貴重な働きかけとなります。商品なら「広告を見て買ったら、本当に良くて、これオススメよ」と話す、あるいは SNS で紹介するといったことで、それを見た人たちに購入の可能性が広がっていきます。

「〇〇さんが良いって言うから」は、それ自体がストーリーとなって、誰かの Interest（関心）につながります。非営利団体でも、支援者が新しい支援者を「連れて来てくれる」ことが多々あります。

シェアしてもらうには「コンテンツ」が必要になります。

具体的には、メルマガや支援者へのメールの最後の署名の部分に、「私たちは……」という簡単な団体紹介メッセージを入れておいたり、団体のウェブサイトの分かりやすいところに団体を簡単に紹介する文言が掲載されていたりすると、それを転載する形で伝えてもらえます。

あるいは、郵送物に「よろしかったらお知り合いにも」と余部を封入したり、会員に団体名の入った名刺を使ってもらったりといった、伝えるための「コンテンツ」となるツールも有効です。

MITAS によって団体への共感者が生まれ、支援という行動から、さらに支援者の拡大に貢献してもらえるという支援レベルの高まりが生まれます。

6. MITASを繰り返す

ここで大事なのは、MITASは階段状の「登っていくもの」ではなく、繰り返しの中でサイクルの生み出す「渦」が周囲を巻き込みながら上昇していくと考えることです。「ステップアップ」ではなく、「スパイラルアップ」です。

そのためには、既存の支援者に対しても、折々新しいストーリーを伝えて、あらためて感動（Moved）してもらい、新しい情報で関心（Interest）を深めてもらい、きちんとした報告と情報開示によって信頼度（Trust）を高め、寄付などの支援行動（Action）を繰り返してもらい、そして団体を社会に知らせる（Share）人になってもらうように努めていかなくてはなりません。

寄付者との関係性を構築して、それを持続的に、さらに深めていくために、常に寄付者の気持ちに応えて満たしていく「MITAS＝満たすの法則」をファンドレイジングに生かしましょう。

1-3 ファンドレイジング行動基準

□ 支援者の信頼を得るためにファンドレイジング、とりわけ寄付集めの ルールを定めて公開しておくことが重要

□ 団体独自のルールを策定しなくても、日本ファンドレイジング協会が策 定した「ファンドレイジング行動基準」を引用して、遵守の意思を表明 するといい

> ファンドレイジングにおいて重要な信頼性を高めるためのルールには、受 け取った資金の管理についての団体内ルールと、資金を集める際に守るル ールの2種類があり、後者については明文化して公開しておくことで、寄 付者が安心して寄付できることにつながる。

1. 資金の管理についてのルール

　非営利団体が受け取った助成金や寄付金を適切に管理するために、どの ような方法で管理するかを明確に定めて団体内で共有しておく必要があり ます。

　具体的には、寄付金の保管、集計、記録方法や、寄付金の用途の追跡方 法を定めることを意味します。特にイベント会場や街頭募金で、現金で受 け取った寄付金については、紛失や盗難を防ぐための手順、ルールを定め ておくことで、スタッフも安心して業務に専念できます。

　それに加えて、寄付については寄付者の個人情報保護についても、デー タへのアクセス権の制限などのルールを定めて漏えいや不適切な使用を防 ぐことに努めます。

　こうした内部統制としてのルールは、必ずしも一般公開しておかなくて もよいものですが、きちんと整備して団体内で共有しておくことで、万が 一、外部から疑念を持たれた際にそれを払拭する根拠となります。ルール を設けることは、スタッフを信用していないからではなく、スタッフを守

るためのツールだと考えてください。

2. 資金を集める際のルール

　資金を集める際のルールとして、「法令遵守」「一般的な行動規範」「団体独自の規範」の３種類があります。この３つを明文化して公開しておくことが団体のファンドレイジングに対する理念を明らかにすることとなり、団体への信頼につながります。

1）法令遵守

　「法令遵守」については、ことさら表明するまでもないと思われがちですが、「私たちは寄付集めに際して法令を遵守します」と宣言することで団体の信頼性が増します。

　犯罪行為となる詐欺や恐喝による集金活動はあってはならないことですが、ファンドレイジングに関連しては、とりわけ個人情報保護法への留意が求められます。寄付者データの漏えいや不正利用などを懸念されないためにも、個人情報保護方針（プライバシーポリシー）を定めて団体のサイト上で公表するなど積極的な法令遵守の姿勢を表明することが必要です。

2）一般的な行動規範

　寄付集めにおいては、その目的や集めた資金の使途について、事前に説明を行い、それに沿って寄付金を使うこと、さらに、その報告を行うことが求められます。これが寄付集めの一般的な行動規範です。多くの団体は通常業務をこの行動規範の通り実行していますが、それを明文化して意思表明することが、団体の寄付者に対する誠実な姿勢を表し、信頼性の向上につながります。

3）団体独自の規範

　「不適切な相手からの寄付は受け入れない」というのも寄付集めのルールの１つです。

　例えば、犯罪による収益からのお金だと知っていて寄付を受け入れたら

法令違反となりますし、反社会的勢力の構成員からの寄付も、それを知った上で受け入れることは社会的規範に反すると考えられます。こうした規範を団体の寄付集めのページなどで示している団体も多いようです。また、これらはあえて公表していなくても、しっかりと定着しているルールだとも言えます。

　その一方で、社会的には認められていても、「団体独自の規範」として、ある種の寄付の受け入れをしないと表明している場合があります。その１つが「贖罪寄付」と呼ばれるものです。贖罪寄付とは、大麻所持のような被害者が特定できない刑事事件や、交通事故などで被害者に対する示談ができない刑事事件において、被告人が反省したことを表すための寄付で、贖罪寄付証明書が提出されて情状の資料として裁判所に評価されることを目的とします。これについては、団体の寄付集めのルールの中で受け入れの可否を表明していることが多いようです。

　さらに、「団体独自の規範」として、団体の活動との関連性で寄付の受け入れの是非を定めている場合があります。例えば、飲酒問題に取り組む団体が酒造メーカーからの寄付を受け入れないことを団体内で協議して決めていたりします。他方、同様の飲酒問題に取り組む別の団体では、酒造メーカーの寄付を受け入れたり、連携した活動を展開したりしています。こうした場合は、あえてその根拠を公表せず、団体内のルールとして共有されていることが多いようですが、「なぜ、私の会社の寄付は受け入れないのか？」と問われたときには、内部での協議をもとに、丁寧な説明をしないとなりません。

3. 「ファンドレイジング行動基準」について

　団体独自の寄付集めのルールを策定して公開している団体が多々あります。その内容の骨子は、法令遵守、倫理的な寄付集め、情報公開、説明責任の履行、個人情報保護への配慮などとなります。

　明文化されたものは、「寄付者の皆さんへの５つのお約束」といった、基本姿勢を表すシンプルなものから、団体独自の規範を詳細に盛り込んだものまで多種多様です。いずれにしても、寄付集めのルールを策定するこ

とで自らを律することになり、それを公表することが寄付者への誠実な姿勢を示すこととなり、支援者コミュニケーションにとって有意義だと思います。

　さて、まだこうしたルールを策定していない団体には、日本ファンドレイジング協会が策定した「ファンドレイジング行動基準」を活用することをおすすめします。この　「ファンドレイジング行動基準」では、寄付の受け手である非営利団体とその業務担当者が、寄付者の権利を守りながら、相互の信頼関係を築くために守るべきルールが定められています。日本の寄付文化の醸成をミッションに掲げている日本ファンドレイジング協会では、誰もが安心して寄付ができる環境づくりのために、多くの団体が、この行動基準に賛同して遵守することを推奨しています。ちなみに、同協会では、「認定ファンドレイザー」の資格制度を設けていますが、資格試験に合格すると、この行動基準を遵守するという宣誓書に署名してもらい、その後に資格証を発行しています。

　団体サイトの寄付募集のページに、「私たちは、日本ファンドレイジング協会が策定した『ファンドレイジング行動基準』を守って寄付集めを行います」と表明して、同協会の該当ページにリンクを貼ったり、あるいは行動基準の文章を引用・転載したりすることで、団体の寄付集めのルールを示し、それを守っていく姿勢が表明できます。

（1-4）明文化しておくべき7つのこと

■ ポイント

□ 支援を募るために、下記の7つの項目を明文化しておく

　1．ビジョン、ミッション、スローガン　2．歴史

　3．団体概要　4．解決したい社会の課題

　5．主な活動内容と実績　6．ストーリー　7．求めている支援内容

□ 明文化した文章は、団体パンフレット、年次報告書、寄付募集チラシ、入会案内、さらには助成金申請書作成時に活用する

> 企業が株式や社債などの募集や売り出しに際して、投資家の判断に必要な情報を提供するために、会社の概要、事業や出資を募る目的などについて説明した文書を「目論見書（もくろみ）」といいます。非営利団体においても、「支援を検討する人が知りたいこと」を明文化しておく必要があります。

　「よく分からないけど、あの人に頼まれたから」「断るのも面倒なので」「お付き合いで」「急いでいたから仕方なく」という気持ちで寄付をすると、そのほとんどが少額、しかも1回限りの寄付で終わるでしょう。

　一定金額の寄付をする人、繰り返し寄付をする人は、団体の活動や寄付金の使われ方についてきちんと知りたいと考えます。

　団体紹介パンフレットを手渡して、「詳しくはウェブサイトをご覧ください」と言っても、時間をかけて見てもらえるものではありません。

　そのために、以下の7つの項目について明文化し、写真や図表とともにまとめておくことが有効です。これらをウェブサイトの寄付募集のページに掲載しておけば、メールでお願いする際のリンク先にもなり、必要に応じて印刷して手渡すこともできます。

　また、この7つの項目の文章は、団体紹介パンフレット、年次報告書、寄付募集チラシ、入会案内、さらには助成金申請書作成時などにも活用できます。

2. ビジョン、ミッション、スローガン

　団体はそれぞれの社会的使命、すなわちビジョンを掲げて活動しています。またビジョンを具現化したミッションを達成すべく活動を展開しています。まずはそれを明文化しなくてはなりません。

　「はじめにビジョン、ミッションありき」が非営利団体の理念ですから、多くの団体では、すでに明文化していると思いますが、ウェブサイトなどで、「当団体のミッション」として、定款に記載している「目的」をそのまま転載しているようなケースが散見されます。「ビジョン、ミッション」として掲げている文章は分かりやすく共感してもらえるものにしましょう。「何をすることで誰を笑顔にするのか」という視点が大切です。

　そして、団体の理念や活動の目的を簡潔に言い表すスローガンも、「仲間を増やす掛け声」となるものですから用意してください。

2. 歴史

　設立間もない団体の場合は、いつ、どういう人たちが、どのような問題意識からこの団体を立ち上げたのかを明文化しましょう。

　歴史のある団体であれば、年表にしてもよいでしょう。団体の歴史年表と並行して、団体の取り組む活動に関連した社会の出来事を記載することも有効です。社会の変化とともに活動を展開してきたことを表せます。

3. 団体概要

　理事会メンバー、職員数、団体の収入規模、活動地域、会員数、加盟しているネットワークなどを書き出しましょう。ここには団体の客観的な情報を盛り込みます。こうした情報は変化しますので、常に最新情報に更新しておく必要があります。

4. 解決したい社会の課題

　団体が取り組んでいる社会課題について、客観的な事実とともに説明します。新聞などで取り上げられるような社会問題でさえ、「自分の地域に

は関係ないだろう」と思っている人たちはたくさんいます。あるいは、そもそも課題があることに気づいていなかった人もいるでしょう。「今、何が起きているか」を丁寧に伝えることが必要です。

5. 主な活動内容と実績

　課題解決に向けて、団体によっては複数の柱となる活動があるかもしれません。あるいは、1つの活動に集中している場合もあります。これらの活動を列挙します。ここで大切なのはそれらがもたらした成果（実績）を示すことです。受益者数、参加者数、あるいは社会に起こした影響・変化を、できるだけ客観的な数値や事実で示します。

6. ストーリー

　活動が生み出したストーリーとは、団体の活動によって、誰の人生に、どのような変化が起きたかという具体的なエピソードです。「社会を変える」という大きな話だけではピンときません。「人は人に共感する」ものです。個人情報で実名が挙げられない場合は仮名でもかまいません。あくまでも、個人的なものが望まれます。

7. 求めている支援内容

　ただ、「ご協力ください！」「ご支援ください！」と言われても、何をしたらよいのか分かりません。団体によっては、複数のプログラムの寄付を求めていることもありますし、ボランティアの協力を求めている場合もあります。どういう支援を必要としているのかを具体的にまとめておくことが、依頼する際に必要となります。

　また、ここでは、具体的な支援の金額やボランティアの人数なども書く必要があります。「多ければ多いほどいい」というのが本音であっても、目標金額、人数などを明確にしておくことが計画性の裏付けとなります。

1-5 顔の見える団体になるには

□ 支援を得るには、顔の見える団体になることが必要
□ 団体には、支援者に見せる６つの顔がある
　1）理事　2）スタッフ　3）受益者　4）寄付者・会員
　5）ボランティア　6）協賛企業や助成元
□ 支援者には、厳しい現実の中にいる「苦しい顔」だけではなく、活動が
　もたらす「笑顔」を見せる

> 社会の課題の解決を願って寄付をする人は、その課題によって厳しい状況
> に追い込まれている人や課題解決活動に取り組んでいる人、その活動で厳
> しい状況を克服した人への共感から寄付をします。「人」とは、言い換える
> と「顔」です。誰の顔を、どのように効果的に見せるかを示します。

1. 誰の顔を見せるべきか

　団体には、関わっている、いろいろな人たちの顔があります。ファンド
レイジングの際に対外的に示すべき主な６つの顔を挙げます。

1）理事

　「どんな人たちが活動しているのだろう？」というのは、支援を検討す
る人にとって知りたいことの１つです。理事は肩書も大事ですが、具体的
に顔を見せることで、団体に対する責任感を表すことにもなります。

2）スタッフ

　スタッフががんばっている姿は、「応援しよう」という気持ちにさせら
れるものです。スタッフの紹介とともに、事務局内のスナップ写真や活動
現場の写真をウェブサイトなどに掲載すると親近感が生まれ、活動の「リ
アリティー」を感じさせます。

3）受益者

団体の活動で救われた人たちや、幸せになった人たち（＝受益者）の顔を見せることで、団体に対する自分の支援がどういう人たちの役に立つのかを実感してもらえます。ただし、プライバシーへの配慮から受益者の氏名や写真を公開することが難しい場合も多々あります。そういう場合は、写真でなくイラストでもよいでしょう。

4）寄付者・会員

寄付をしたり入会したりする前に、この団体を支援している人はどういった人たちなのだろうか、どういう人たちから評価を得ているのだろうかなど、気になるものです。

そこで、寄付者や会員からの応援メッセージなどをパンフレットやウェブサイトで公開するとよいでしょう。「なるほど、こういう気持ちで応援しているのか」「こういう点を評価して長年、会員でいるのか」ということを知ってもらえれば、支援を前向きに検討してもらえます。

5）ボランティア

惜しみなく労力と時間を提供するボランティアがたくさんいれば、それは、その団体の価値を理解する人たちがたくさんいることの証しです。ボランティアに対する敬意から、「ボランティアはできないが、資金を提供することで応援しよう！」と思ってもらえます。

6）協賛企業や助成元

協賛企業や、助成財団、あるいは補助金を出している自治体など、組織として支援してくれているところがあることも大きな信用になります。担当者のメッセージなどとともに顔を見せることができれば効果的です。

多くの場合、企業や助成財団などは、支援の際に自分たちのロゴを団体のウェブサイトやチラシなどに掲載することを求めます。もし、求められていなくても、ロゴは団体・企業の顔ですから、こちらから依頼してでも掲載したいものです。

2. どのような「顔」を見せると効果的か

　社会の課題の中でつらい思いをしている人たちが現実的にいます。非営利団体はそういう人たちの状況を改善するために活動しています。厳しい現実が立ちはだかる現場では、怒り、悲しみ、苦しみ、戸惑いといった「顔」がたくさんあります。

　しかし、寄付等の支援を募る際に、そういう顔だけを見せることが必ずしも効果的ではありません。非営利団体には、2つの大きな役割があります。

1）伝えること

　1つは、社会の課題を人々に伝えることです。

　日常生活の中ではともすれば見過ごしがちな社会問題やそこでつらい思いを強いられている人たちがいることを知ってもらい、何らかの形で解決に協力してもらうことです。社会の課題を解決するためには、その団体の活動に直接参加しなくても、人々の価値観や生活様式を少しだけ変えてもらえれば、課題解決につながる場合が多々あります。例えば環境保全なら、環境に配慮した商品を選ぶ、買い物時に買い物袋を持参するといった、一人ひとりの小さな取り組みが社会を変えていきます。そのために、団体の活動を伝え続けていかなくてはなりません。これは、現場で活動する人だけが知っていることを、ある種の危機感とともに伝える、いわばジャーナリスト的な役割です。

2）活動を持続・発展させていくこと

　もう1つの役割は、自らの専門性を生かして課題解決活動を発展させていくことです。ある小さな地域で始めたことが良い成果を生んだとしたら、仲間を増やしてそれを広げていく。これまで見過ごされていた課題に光が当たり、つらい思いをしていた人たちに笑顔が戻ってきたとしたら、その笑顔を増やし、持続させる。そして、そのためには寄付・会費、ボランティアといった、活動に対する直接的な支援が必要となってきます。いわば、

社会から共感のこもった資源を集めて持続的な団体運営を行うことが強く求められるのです。

では、対外的には、どのような顔を見せたらいいのでしょう。

まず、1）の場合、厳しい現実を伝えるには、どうしても「つらい顔」「悲しみに満ちた顔」「怒る顔」が中心になりがちです。報道写真などにも、よくそういった顔や姿が登場します。そして、初めて課題を知り、影響を受け、支援しようと思う人が出てきます。苦しみや悲しみ、怒りへの共感です。

では、2）の場合はどうでしょう？　広く一般から継続的に支援を募る場合、人は苦しみや悲しみ、怒りに共感し続けるとつらくなってしまいます。厳しい現実を理解した上で、そこから生まれる希望、笑顔に期待することで、「自分にもできることがあればしよう！」という気持ちになるのです。つまり、「笑顔」「安らぎ」「楽しさ」といったイメージに共感するということです。

従って、非営利団体の活動にとっては1）も2）も重要です。どちらかを訴えるのではなく、両方をきちんと伝えて支援を募ることが重要です。

ただし、支援者の方たちが「生活者」であることを思い出してください。多くの支援者はごく一般的な市民の方々です。学校に通い、仕事をし、家族と共に日常生活を送る人たちです。彼らの日常生活にも、苦しみや悲しみや怒りがたくさんあるはずです。そういう中では、社会に貢献しようと考えたとき、特に「希望」を感じさせるものが求められるのではないでしょうか。

つまり、広く一般から継続的に支援を募る場合、その顔が、初めに挙げた6つの顔のいずれであっても、笑顔、楽しそうな顔、幸せそうな顔、といった明るい未来を期待できるものが欠かせないのです。

厳しい現実を知る人だからこそ出せる、ポジティブなメッセージが込められた顔、現場でなければ出会えないストーリーの主役たちの「笑顔」こそが、社会のために、未来のために、希望を抱いて「善意の投資」をする寄付者の心に届くものとなります。

1-6 見つけてもらえる団体になるために

━━━━━━━━━━━ ポイント ━━━━━━━━━━━

□ 支援者獲得には、潜在的支援者に団体を「見つけてもらう」ことが有効
□「見つけてもらう」には、潜在的支援者を想定して、彼らが求める内容の情報発信をすること
□ 情報発信に際しては、メルマガ登録などの「見つけてくれた人」との関係性を持てるような仕組みを用意すること

> 日本におけるコンテンツマーケティングの第一人者で、『商品を売るな』の著者の宗像淳さんは、著書のサブタイトルを「コンテンツマーケティングで『見つけてもらう』仕組みをつくる」としています。マーケティング手法をファンドレイジングに生かすための5つのステップを解説します。

『商品を売るな』の冒頭には、「コンテンツマーケティングとは、見込み客をウェブサイトに引き付け、資料請求や商品やサービスの申し込みを行ってもらうマーケティングの手法だ」と書かれています。

また、米国のコンテンツマーケティングの第一人者、ジョー・ピュリッジ氏の著書『エピック・コンテンツマーケティング』には、「コンテンツマーケティングとは、有益で説得力のあるコンテンツを制作・配信することによって、ターゲット・オーディエンスを引き寄せ、獲得し、エンゲージメントをつくり出すためのマーケティングおよびビジネス手法を指す。その目的は、収益につながる顧客の行動の促進である」とあります。

「見込み客」や「収益につながる顧客」という文言を「潜在的寄付者（潜在的支援者）」に置き換え、「商品サービスの申し込み」「顧客の行動の促進」を「寄付の申し込み」「参加や支援行動の促進」と置き換えると、まさに非営利団体がファンドレイジングで行うことと合致します。

団体が社会から共感を得て支援してもらうためには、自団体の取り組む社会的課題とその解決策について知ってもらわなければなりません。そう

は言っても、テレビ・新聞・雑誌などのマスメディアを通じて不特定多数を対象に広告などを用いて情報提供するのはコストがかかりすぎ、現実的ではありません。あるいは街頭でチラシを配っても、ごみ箱に直行という結果になりかねません。

　他方、その団体の存在は知らずとも、その団体の取り組む社会の課題に関心のある人たちがいます。まだ出会えていない支援者を「潜在的な支援者」と呼びますが、その人たちは団体からの情報に関心を抱き、共感してくれ、支援してくれる可能性が高い人たちです。ただし、そういう人たちを団体側から探し当てるのは容易ではありません。

　そこで、コンテンツマーケティングで、潜在的支援者に団体を「見つけてもらう」のです。そのためには、下記の5つのステップがあります。

1. 発信のための媒体を用意する

　情報にメリットを感じる潜在的支援者に自らの意思で情報を取得してもらえる場として、検索で「見つけてもらえる」ウェブサイトやブログが有効で、しかも安価です。

　特にブログは、定期的な更新によってコンテンツを蓄積することができることからコンテンツマーケティングに有効です。

　「はてな」や「Ameba」のような無料ですぐに利用できるブログサービスもあります。有料でも月額1500円程度で運営できるWordPressのようなブログ用のCMS（コンテンツ管理システム）を導入すればドメインも取れますし、お問い合わせフォームやメルマガ登録、アクセス解析などの機能も盛り込めるようになります。基本的な「団体概要」「事業内容」などの項目は固定ページで作成できるので、「ウェブサイト風」のサイトを作ることができます。

　他方で、地域性のある活動なら、地域の公民館や市民活動関連施設に「チラシ」を掲示、配布してもらうことも有効です。社会的な関心、地域への帰属感のある人たちが集まる場所では、団体の取り組みに関心を持つ人も多いでしょう。

2. 「見つけてもらいたい」潜在的支援者層を想定する

　既存の支援者（会員や寄付者）を分析して、自団体の取り組む課題に関心を持っているのはどのような人たちかを見極めておかなくてはなりません。そして、その中のどの層を対象にするのかを決めます。環境団体であれば、環境ビジネスに取り組む企業の社員、大学で環境問題を学ぶ学生、エコライフこそがファッショナブルだと考える主婦など、いろいろな関心層があると思われますが、それぞれに求めている情報（コンテンツ）が違うはずです。対象を想定して、その人たちにふさわしい内容を提供してください。

3. 発信する

　自団体の活動を通じて蓄積された知見を、分かりやすい文章、画像、動画等で情報発信していきます。この時に忘れてはならないのが、伝えたいことを発信するのではなく、前項で想定した相手の役に立つことを発信することです。あくまでも、対象となる関心層を引き寄せるための情報で、団体への共感を訴えるのは「その後」です。

　例えば、環境団体がエコライフに関心のある若い主婦を対象にコンテンツを提供するとしたら、話題のエコグッズや節電・節約の工夫などをトピックスにすることで、見つけてもらうことが最初の目的です。団体概要や活動をアピールするのは、メルマガ購読者になってもらったあたりがよいでしょう。

　また、情報発信に際しては、「見つけてもらう」ための工夫も大切です。ウェブサイトの検索結果が上位にくるようにするためのSEO（Search Engine Optimization）対策にも取り組みましょう。ネットで「SEO」と検索すると、たくさんの手法が紹介されています。どのようなタイトルを付ければよいのか、文中にどういったキーワードを入れるかも工夫のしどころです。

4. アクセスしてくれた人とつながる

「見つけてくれた」人と双方向の関係性を構築するためには、メルマガ登録や、フォーム入力によって無料でダウンロードできる冊子などを用意しておくことも有効です。

そして、投稿記事にソーシャルメディアボタンを付けてFacebookやTwitterで拡散してもらうようにしましょう。ソーシャルメディアの普及で、発信者になりたい人が増えています。貴重な情報、ユニークなコンテンツであればあるほど、人は見つけると同時に他の人に伝えたくなるものです。

いったん伝える側になれば、その人は「支援者」ということを自他ともに認識することになり、寄付やボランティアなどの行動にもつながります。

チラシのような紙媒体にも、「お問い合わせ先」を記しましょう。最近はQRコードを掲載して、携帯電話でスキャンして団体のウェブサイトに誘導している「チラシ」も増えています。「QRコード無料」で検索するとさまざまなサイトで無料作成ツールが提供されています。ただ、QRコードは、携帯電話でアクセスするためのものですから、団体のサイトがスマートフォンや携帯に対応していることが求められます。

5. 検証する

最後に、「どれだけ見つけてもらえた」かをきちんと検証しましょう。検証するためには無料のアクセス解析ツール「Google Analytics（アナリティクス）」が便利です。ページ閲覧数、閲覧者数、滞在時間などを確認できます。また、ソーシャルメディアのフォロワー数やシェア数なども指標となります。

(1-7) 中期計画は、SMART（スマート）に策定

ポイント

☐ 中期計画は、その計画実現性と実行プロセスの可視化が支援の意義を実感させる重要なもの

☐ 中期計画によって理事やスタッフの役割が明確になり、ゴールが見えることで団結心とモチベーションが上がる

☐ 中期計画のポイントは、「SMART ＝ Specific（具体的）、Measurable（測定可能）、Agreed（合意形成）、Realistic（現実的）、Time-bound（期限設定）」である

☐ 中期計画の策定に行き詰まった時には、夢の共有から始めることでポジティブな発想ができる「オポチュニティ・プランニング・セッション」の手法が有効

中期計画は、3年後、5年後に団体が何をどうやって実現していくのかを明文化するものです。ここでは、Specific（具体的）、Measurable（測定可能）、Agreed（合意形成）、Realistic（現実的）、Time-bound（期限設定）の頭文字「SMART」で中期計画策定のポイントを考えます。

　社会の課題解決、よりよい未来の実現のための活動に支援を募る際には、きちんとしたシナリオを示さなくては信頼してもらえません。そのシナリオが「中期計画」です。この中期計画が、まさに団体運営のストラテジー（戦略）となります。

1. 中期計画策定の意義

中期計画策定の意義は次の通りです。

1）支援者にとって

- 具体的なメッセージによって共感が強まる
- 計画性があることから信頼感を抱ける

- 計画実行のプロセスが可視化され、支援の意義を実感できる

2）団体にとって

- 計画によって、理事やスタッフ各自の役割が明確になる
- 具体的なゴールが見えることで団結心とモチベーションが上がる
- 進捗管理によって軌道修正ができ、失敗が防げる

米国では、単年度の助成プログラムでも、ほとんどの助成金申請の際に中期計画の提出を求められます。きちんとした計画性のない団体に助成しても、その後の発展が見込めないという考え方からです。

2. 中期計画の３つの柱

組織運営の３本柱は、「事業（活動）、組織、財源」です。中期計画もこの３本柱で考えますが、非営利団体の中期計画は、この３本柱のそれぞれの計画を一体的に考えながら策定していくことが重要です。

例えば、非営利団体の場合、良い事業をしても、それがすぐに財源の拡大につながるとは限りません。30人のホームレスの人たちに食事を提供していたのを100人に増やすことができれば、事業を発展させたことになりますが、ホームレスの人たちから対価は得られません。単純な言い方をすれば「事業の成果を上げれば上げるほど赤字になる」ということです。そこで、事業とは別のところ、会費や寄付、助成金といった財源から活動資金を調達、捻出する必要が出てきます。あるいは、ボランティアを組織化して、活動メンバーとして活躍してもらうことで経費削減も図れます。

そこで、「事業（活動）、組織、財源」を総合的に考える視点が中期計画の策定に求められることになります。

3. 中期計画を策定する際のポイント

企業における目標設定の手法に「SMARTの法則」というものがあります。これは、米国のジョージ・ドラン氏が提唱したもので、ドラン氏は「SMART」とは、具体的（Specific）、測定可能（Measurable）、達成可能

（Attainable）、関連性（Relevant）、タイムリー（Timely）を指すとして
いましたが、その後、幾つかの別の文言でも表されています。

　本書では、Specific（具体的）、Measurable（測定可能）、Agreed（合意
形成）、Realistic（現実的）、Time-bound（期限設定）の頭文字で中期計
画の策定のポイントを考えます。

1）Specific：具体的

　計画は具体的なアクションを表さなくてはなりません。例えば、「ネッ
トを活用してより広く広報を行う」ではなく、「ウェブサイトを改訂する」
「メールマガジンを配信する」「Facebook ページを作る」「代表のブログを
開設する」といった具体策を示します。

2）Measurable：測定可能

　計画達成に向けた進捗確認のためにも、そして最終的な評価のためにも
具体的な指標を盛り込む必要があります。3 年後、5 年後のゴールに向け
て、年次単位で「何をどこまでやるか」の数値目標が必要です。「会員数
を増やす」なら、「各年度で何人にまで増やすか」を決めます。もし、達
成できないようだと思われた場合は、やり方を見直して失敗を防ぎます。

3）Agreed：合意形成

　計画を実行していく人たちが計画に納得していなければうまくいきませ
ん。非営利団体の場合、強い思いと志で活動している人たちが多いだけに、
合意形成のプロセスが欠かせません。「誰かが勝手に決めたこと」ではや
る気が出ません。さらに、この合意形成を理事会や職員という「団体内部」
だけではなく、支援者にも広げられたら、支援者にも計画を実行する仲間
という意識が育まれ、いっそうの支援につながるでしょう。会員を対象に
して「中期計画案」に対する意見募集を行う参加型の策定も一案です。

4）Realistic：現実的

　目標は高く掲げたいものですが、実現性も大事です。この場合の実現性に

は２つの意味があります。１つは団体として「３年後に実現したいこと」を現実化するための手法としてふさわしいかという観点。もう１つは、「Measurable」のところで設定する指標が実行可能なものかという点です。チャレンジ精神を感じさせない「中期計画」ではモチベーションが上がりませんが、「絵に描いた餅」にしないためには、「実行・実現できそうなところの少し上」を設定するのが妥当です。

5）Time-bound：期限設定

　中期計画は年次計画に落とし込む必要があります。具体的なアクションをいつまでに（期限）、どのくらい（指標）実行するかを明確にして進捗管理しないと万事が後手になって計画倒れになりかねません。そのためには、中期計画の進捗管理のプロセス、例えば各アクションの担当者がどのタイミングで誰に対して進捗報告を行い、どう団体内で共有していくか、それらを統括して進捗管理するのは誰かなどを決めておく必要があります。

4. 中期計画策定に行き詰まったときの「OPS」

　団体の中期計画の策定の際に、「今やっていることで手いっぱいなのに先のことなど考えられない」という否定的な気持ちにとらわれて、一向に作業が進まないことがあります。

　また、慎重になりすぎて、「現状維持で持続できたら十分だ」という考えに陥ってしまい、現在の年次計画をそのまま３年分重ねるだけで、およそ団体の成長戦略とはほど遠い内容になってしまうことがあります。それでは、社会の期待値は上がらず、スタッフのモチベーションも上がりません。そこでおすすめしたいのが、オポチュニティ・プランニング・セッション＝ Opportunity Planning Session（OPS）という手法です。この手法は３つのステップからなります。

STEP 1

　３年後に団体が成功しているイメージを共有します。例えば、「３年後の新聞に自団体が大きく取り上げられた」と仮定して、今の事業がどう素

晴らしい成果を上げているのかを、自由にイメージします。ここで大事なのは、いかに成功イメージを抱けるかです。「3年後に子どもたちと月で合宿！」みたいな非現実的なものではなく、それでいて発想にブレーキをかけないバランスの取れた「大人の発想」が求められます。

STEP 2

　現在の団体が持っている経営資源、いわゆる「ヒト、モノ、カネ」はいったん忘れて、STEP 1でイメージした成功をもたらした要因を列挙します。

STEP 3

　ここからが現実と向き合う作業です。列挙した成功要因の中から、成功をもたらした要因の重要度（優先順位）を付け、現状の達成度を確認します。そこで、3年後におよそ実現不可能な目標だったら、それを現実に合わせて修正します。そして、重要度と達成度に基づいて、3年間の実行計画に落とし込んでいきます。

　例えば、男性の子育て参加の促進を目標に活動している団体が、3年後に「全国100カ所でパパと子どもの焼き芋大会を同時開催！ ママも大喜びで2万人が参加」をイメージしたとします。（**STEP 1**）

　そのためには、全国に会員がいて各地でボランティアのネットワークができている、焼き芋大会開催ノウハウが確立している、などが成功要因として挙げられるでしょう。（**STEP 2**）

　そして、現在は首都圏に偏在しているボランティアをどう全国に広げていくのかを最重要課題としたら、そのために必要なことを考えなければなりません。3年間で自団体のボランティアネットワークを全国に拡大するのが無理と思われたら、同様の活動をしている地域の団体を探して、そこと連携して共催していくために何をしていくのか、といった計画に落とし込んでいくことになります。（**STEP 3**）

　「どうせ」「そんなの」といったネガティブな発想で行き詰まったら、夢の共有から始めることでポジティブな発想ができる「オポチュニティ・プランニング・セッション（OPS）」を試してみてください。

1-8 ファンドレイジングコストについて

ポイント

□「どれだけの金額を使って、どれだけの金額を集める」という目標設定をすることで、成果の測定が可能になり、より戦略的なファンドレイジング計画の策定につながる

□ファンドレイザーは、ノウハウと職業倫理に基づくプロフェッショナルである

□平均的なファンドレイジングコストは 20%

> 寄付集めや会員拡大にはコストがかかります。寄付集めのパンフレットの作成、ウェブサイトでの広報、ダイレクトメールの発送、個別訪問、イベント開催、支援者データベース管理、オンライン決済手数料、そしてそれを担う職員の人件費など、ざっと考えてもさまざまなコストがかかっています。このコストをどう考えるべきか解説します。

1. 基本的な考え方

　ファンドレイジングコストについて、ともすれば、その事実を支援者に周知することに抵抗感を持ち、ひいては団体自身もコストをかけることへの罪悪感を抱いてしまってはいないでしょうか。

　「善意の込められたお金を、できるだけ直接的な課題解決活動のために費やしたい」という気持ちは尊重すべきものです。また、通常、会計報告において、ある事業の実施のために行った寄付集めなどのファンドレイジングのコストは「事業費」の中で、組織運営のための会費や寄付集めにかかったコストは「管理費」の中で、他の経費とともに「広告宣伝費」「印刷製本費」「通信運搬費」「人件費」などとして会計処理されています。それも間違いではありません。

　しかし、「いくら集めるために、いくら使った」というファンドレイジングコストの視点をしっかり持って、その結果を金額として明らかにする

ことは、ファンドレイジングについての、さらに市民活動に対する社会の正しい認識を得るために重要です。

すなわち、社会を変える活動にはコストがかかること、その活動資金の多くは活動に共感した人たちから寄せられるものであること、そのためにファンドレイジングが重要であること、ファンドレイザーがノウハウと職業倫理に基づいたプロフェッショナルであること、さらにファンドレイジング自体にもコストがかかることへの理解です。

また、ファンドレイジングについて、「どれだけの金額を使って、どれだけの金額を集める」という目標設定することで、成果の測定が可能になり、より戦略的なファンドレイジング計画の策定にもつながります。

2. ファンドレイジングにかかるコストの例

ファンドレイジングにかかるコストについて具体的に見ていきましょう。

1）人件費

ファンドレイザーとして雇用しているスタッフがいる場合は、その人の給与と法定福利費など。もし、他の業務と兼務の場合は労働時間に応じて案分する。

2）印刷費

寄付募集のための手紙やパンフレット、イベント案内チラシなどの印刷費用。

3）通信費

寄付募集やイベント案内を発送する際の郵便切手代やメール便費用など。

4）広告・宣伝費

他の団体の機関誌にイベントなどの広告を掲載してもらう、Facebookなどに広告を出す場合の費用など。

5）会場費

イベントの会場費など。

6）支払手数料

オンライン決済を導入している場合、クレジットカード決済の手数料など。

7）交際費

大口寄付者などを接待した際の飲食代、寄付者や会員に対する感謝の贈り物など。

　さらに、事務所の賃料や光熱費も案分して加算すると、ファンドレイジングにもコストがかかっていることが明白になります。そして、ファンドレイジングコストを予算化する必要性、さらには、「自分の出した寄付金はすべて受益者に送られる」といった誤解を生まないような寄付者とのコミュニケーションが大切だということが分かります。

3. 適正なファンドレイジングコスト

　ファンドレイジングコストの計算式は、「ファンドレイジングコスト＝経費／獲得金額」です。

　例えば、人件費、印刷代、発送費用などに10万円かけて、ある事業への寄付を募り、その結果として100万円を得たとしたら、ファンドレイジングコストは0.1 = 10%となります。では、ファンドレイジングコストの「目安」はどのくらいなのでしょう。米国のデータをご紹介します。

　まず、ファンドレイジングの手法ごとに、どのくらいのコストがかかるのかを分析したジェームス・グリーンフィールド氏の著書『*Fund-Raising: Evaluating and Managing the Fund Development Process*』（1999）によると、1ドルを得るためにかかる費用は下記の通りです。

大口寄付 $ 0.05 から $ 0.10

　企業寄付や助成金 $ 0.20

　既存の支援者へのダイレクトメール $ 0.20

　新規支援依頼のダイレクトメール $ 1.00 から $ 1.25

　遺贈 $ 0.25

　イベント $ 0.50

　そして、平均的なファンドレイジングコストは、1ドル集めるのに 20 セント、つまり 20％だとしています。

　また、米国ファンドレイジング協会（AFP）が会員向けに公開している資料「*Measuring Fundraising Return on Investment and the Impact of Prospect Research: Factors to Consider*」では、適正なコストは以下の通りです。

　ダイレクトメール（新規）$ 1.25 から $ 1.50

　ダイレクトメール（継続）$ 0.20 から $ 0.25

　イベント $ 0.50

　企業寄付 $ 0.20

　助成財団 $ 0.20

　遺贈 $ 0.20 から $ 0.30

　団体の規模や成長段階に応じて、ファンドレイジングへのコストのかけ方、金額も違ってきます。それでも、ファンドレイジングを行うためには一定のコストが必要です。まずはどのようなコストが発生するのかを確認して、実際にはどのくらいのコストがかけられるのか決めなくてはなりません。また、コストに見合った目標を達成できたか、効果を測らなければ、次の計画も立てられません。

　団体自身がファンドレイジングにコストがかかることを意識して、それによって得られた資金が、どう社会を変えたのか、変えていくのかを支援者にきちんと伝えることで、ファンドレイジングコストについての社会の理解も進むでしょう。

団体としての準備
～実務編～

2

2-1　理事会とファンドレイジング

□ **ファンドレイジングには理事会の協力が欠かせない**
□ **理事にはファンドレイジングの意義と必要性を理解してもらう**
□ **理事に協力してもらうために、「やってもらいたいこと」を具体的に伝える**
□ **多様な人材からなる理事会は、支援者との接点の拡大、役割分担に有効**
□ **理事間の交流が理事のファンドレイジングに対するモチベーションにつながる**

> 米国では、非営利団体などの理事について "3G Philosophy（3つのGの理念）— Give, Get, or Get Off!" と言われています。寄付をし (Give)、寄付を集め (Get)、それができなければ立ち去れ！(Get off) ということです。それほどまでにファンドレイジングについて理事の役割が重要だからです。日本版 "3G Philosophy" を " Give（寄付する）、Get（寄付を集める）、or Go to Office（事務局サポート）" に変えて、その上で、理事会に協力してもらうための7つのポイントを解説します。

　非営利団体の日々の活動の多くは事務局主導で行われていることから、理事会の多くは、団体の運営を管理する責務を果たしていても、ファンドレイジングについては「事務局の仕事」と考えがちです。実際、多くの団体でファンドレイジングを担うのは、事務局長をはじめとする事務局スタッフです。

　しかし、理事の人脈は事務局のネットワークとは別の支援者層を含むものであったり、理事の社会的地位は支援者の団体への信頼につながったりします。さらに、理事自身の職歴の中で培われたファンドレイジングの経験や知見は団体にとって有効です。

　そこで、理事にファンドレイジングに協力してもらうことが求められます。

1. 日本の理事会の "3G Philosophy"
1）Give：寄付をする

　以前、米国で参加したファンドレイジングのイベント会場での雑談の際に、誰かが、「こんど○○の理事になれって頼まれて。どうせ私のお金が目当てなのよ」と話すと、同席した人たち皆が納得した顔で、「よくあることよ」とうなずき合うのを見て、とても驚きました。

　理事＝寄付者という意識は日本では一般的ではありませんが、「すぐに、たくさん寄付しないとダメ！」というような形ではなく、いくつかある寄付のメニューの中から選んでもらうことで、理事もまた団体に寄付という形で貢献するようになることが期待できます。理事自身が少額でも自団体に寄付をしたら、事業への関心度が高まるはずです。

２）Get：寄付を集める

　理事は人脈や社会的な立場のある人が就任することが多いので、寄付集めに協力してもらうと力になります。ただ、いろいろな団体に関わっていたり多忙だったりする理事にやる気になってもらうには、その理事が関心のあるテーマで協力を求めるなど、ポイントを押さえて依頼をしないと、「できる時にやります」と言うだけで、なかなか実行してもらえません。

３）Go to Office：事務局サポート

　ファンドレイジングの基本は「依頼」と「感謝」です。これを理事が行うことで、依頼された側、感謝された側の印象は変わります。事務局作成の定型文に理事の手書きのお願いやお礼のメッセージが書き添えてあったら、「ごみ箱直行率」が下がります。

　また、社会的に地位のある理事が企業訪問等に同行した場合には、先方も、それなりの立場の人、決定権を持った人が対応してくれ、話も進むでしょう。直接的に寄付したり、寄付を集めたりすることができない理事にも、こういう形で大きな貢献をしてもらえます。

2. 理事にファンドレイジングに関わってもらうための7つのポイント

　では、実際に理事に協力してもらうためにはどうしたらいいのでしょうか。7つのポイントを挙げます。

1）ファンドレイジングに協力してほしいと伝えて就任してもらう

　「何もされなくていいので、とにかく理事になってください」というような就任依頼をしていたら、寄付もファンドレイジングへの協力も頼めません。ファンドレイジングに限らず、団体への貢献について明文化した書類を交わして、就任してもらうとよいでしょう。

2）多様な人材で理事会を構成する

　さまざまな立場の人たちがいることで、能力や人脈も多様になり、それがファンドレイジングに生かせます。「経済界に顔が利く」という人はもちろん、団体の取り組みに関する実績や専門性のある人なら、その人の情報発信で潜在的支援者層への訴求ができます。

3）ファンドレイジングの意義を共有する

　ファンドレイジングは、単に活動の資金を調達することではなく、資金を募る過程で、多くの人たちに社会の課題について関心を持ってもらい、活動に共感を抱いて課題の解決に参画する人たちの輪が広がるという考え方であることを共有してもらいましょう。理事は団体のスポークスマンです。その活動によって「共感」が集まると考えましょう。

4）具体的に「やってもらいたいこと」を伝える

　「寄付を集めてください！」と言われても、多くの理事にとっては具体的に何をすればよいのか分かりません。また、理事によって、得手不得手や向き不向きもあるでしょう。個々の理事に対して、それぞれの持っている経験や人脈、意向などを踏まえて、何をしてもらいたいのかを具体的に伝えておく必要があります。

5）ツールを渡しておく

　理事としての名刺や、団体案内パンフレット、寄付募集の案内などを渡しておけば、機会を逃さず寄付依頼をしてもらえるでしょう。「こういう団体の理事になっていて……」と話題にしてもらうためにも、名刺は必須

です。また、こうしたツール自体が理事にファンドレイジングについて常に意識を促すものとなります。

6）理事と事務局の連携

　理事のファンドレイジングでは事務局との綿密な連携が不可欠です。寄付依頼後のフォロー、入金確認、お礼のタイミングなど、事務局の方から理事にこまめに連絡をとって、寄付者に対して不手際がないようにすることが必要です。

　また、理事会に「ファンドレイジング担当理事」を設置するのも有効です。ファンドレイジングの進捗について統括する理事がいることで、ファンドレイジングが理事会にとって重要な課題だと自覚してもらえます。

7）理事間の交流を図る

　年に数回、数時間程度の会議に出席するだけの理事会では、理事の帰属感が醸成されません。理事同士が交流する機会、例えば、会議後に茶話会や食事会等を設けて交流してもらうことで、情報共有や役割の確認が自然と図れます。もし、団体に何も貢献していない理事がいたら、少し肩身が狭くなるかもしれません。苦労して貢献をした人は、そのことを話題にすることで他の理事を鼓舞してくれるかもしれません。

　交流によって、「みんなでファンドレイジングもしっかりしよう！」と理事のファンドレイジングに対するモチベーションが高まります。

　理事になる人たちは、自ら寄付をすることに加えて、能力、社会的影響力、信用力や人脈を生かして寄付集めにも動いてもらいたいものです。理事のファンドレイジングへの貢献が大きく期待されます。

2-2 ボランティアの協力

□ ボランティア・ファンドレイザーを受け入れるために、業務内容と責任
　の範囲を明確にしておく

□ ボランティア・ファンドレイザーと事務局が一体となって支援者に対応
　していくために、事務局への「報告・連絡・相談＝ほう・れん・そう」
　を密にする

> 非営利団体では、活動のさまざまな場面にボランティアが参加しますが、
> ボランティア・ファンドレイザーとして活動する人たちもいます。「ファン
> ドレイザー」というのは、支援者に対面する立場で、団体の「顔」として
> 前面に出る機会を持つ大切な役どころです。ボランティアという立場でファ
> ンドレイジングに参画してもらう際の6つのポイントを解説します。

　非営利団体にとってのボランティアは、団体のミッションや活動内容に
共感し、時間と労力を無償で提供して活動に参加してくれる強力な支援者
です。単に人材不足を補うものではなく、活動の理解者として共に社会の
課題解決のために活動する仲間として、活動の現場でスタッフとともに受
益者のために働く、事務局内で入力作業や発送作業などを行う、イベント
会場で運営スタッフとして働くなど、さまざまな場面でボランティアが活
躍しています。

1. ボランティアとしてファンドレイジングに関わる2つの方法

1）ファンドレイジングに関連する事務局業務のサポート

　ファンドレイジングには多くの事務局内での作業が求められます。例え
ば寄付者や会員管理のための名簿入力、寄付募集やイベント案内などの発
送作業などは手間と時間のかかるものです。事務局スタッフだけではこな
しきれず、かといって新規雇用の経済的な余裕はない場合、ボランティア

サポートが大きな力を発揮します。

2）ボランティア・ファンドレイザー

ボランティアとして、企業協賛の依頼に出向く、寄付依頼をする、助成金申請書を書く、チャリティーイベントを企画して開催する、といったファンドレイジングを行う人たちがいます。

高齢化社会に伴い、「退職後の第二の人生で社会貢献活動をしたい」と考え、ボランティア・ファンドレイザーを目指す人たちが増えることが今後考えられます。団体にとっても、本業で培われた営業力、企画力、人脈を生かしてファンドレイジングに協力してくれる人材は頼もしいものです。

また、チャリティーイベントなどでは、企画・運営に多くの人手が必要となることから、ボランティアの中からメンバーを募って、事務局スタッフとチームを組んで、企画、協賛依頼、チケット販売を行ってもらうケースもあります。

しかしながら、ファンドレイザーは支援者に対面して団体の「顔」として前面に出る機会を持つ大切な役どころです。また、寄付などの「お金」に関わる仕事であることから、個人の倫理感だけではなく、組織としての管理体制も求められます。

そこで、ボランティア・ファンドレイザーに参画してもらう際の留意点を確認します。

2. ボランティア・ファンドレイザーに参画してもらう際の6つの留意点
1）活動（業務）内容と責任の範囲の明確化

ボランティアに対しては、「何のために、誰に対して、いつ、どこで、どうやって、どれくらいの金額を集めるのか」といった事項をきちんと伝えておかなくてはなりません。ボランティアの自主企画で行うファンドレイジングであっても、団体の「顔」として支援者と関わるわけですから、こうした事項は企画の段階から事務局と共有して進めていく必要があります。

その上で、責任の範囲やそれに伴う権限なども明確にしておくことで、ボランティアも安心してファンドレイジングに取り組めます。「とにかく、

たくさん寄付を集めてきてください」というような、あいまいな依頼の仕方では、ボランティアは途方に暮れたり、誤った手法を取ったりすることにもなり、結果的には支援者を増やすどころか信用を失うことにもなりかねません。団体名での名刺を用意したり、ウェブ上でボランティア・ファンドレイザーを紹介したりしておくことも、円滑な渉外活動に有効です。

2）事務局との「ほう・れん・そう」

支援依頼先からの問い合わせや支援者対応を適切に行っていくためには、事務局との「報告・連絡・相談＝ほう・れん・そう」を密にする必要があります。また、進捗や成果の報告もファンドレイジング計画を実行していく上で不可欠です。毎日出勤する立場でないボランティアゆえに、「ほう・れん・そう」の徹底が求められます。

3）倫理規定の遵守

お金を取り扱うことに加えて、「善意」を受け取る者としての倫理感が求められます。ファンドレイジングに際して、きちんと倫理を守る姿勢を明文化した文書を用意したり、日本ファンドレイジング協会が国際標準に準じて策定した「ファンドレイジング行動基準」を倫理基準として、宣誓書で確認してもらったりすることで、対外的な信頼度も増し、ボランティア・ファンドレイザーにも、倫理を重んじる誠実さと誇りを持ってその役目を果たしてもらえるようになります。また、ボランティア・ファンドレイザーについては、寄付を現金で受け取らないといった、具体的なルールを設けておくことも大切です。ファンドレイジングの際の行動基準については、「1-3 ファンドレイジング行動基準」でご確認ください。

4）モチベーションの維持

ファンドレイジングは、「やれば自然とうまくいく」ものではなく、目標額を達成することは容易ではありません。うまくいかない時には自信を失ったり孤独感にさいなまれたりするものです。

そこで、ボランティアとして「がんばろう！」という気持ちを維持して

もらうためには、ボランティアチームとして、あるいは事務局スタッフと定期的に集まる場を設けて、「個人のノルマ」ではなく「チームとしての目標」という認識を持ってもらうとよいでしょう。

また、金額以外の指標、例えば、「団体パンフレットを手にしてもらえた人の数」といった指標も成果とすることで達成感を持ってもらえることもあります。そして、感謝の意を伝え続けることも大切です。仲間意識が強くなると「当たり前」のように思いがちですが、ボランティアは支援者です。それを忘れてはなりません。

5）スキルの向上

ファンドレイジングを効果的に行うために、ノウハウを学びスキルを向上させる必要があり、学びを得ることがモチベーションも高めてくれます。ボランティア・ファンドレイザーのために、団体内部でのファンドレイジングに関する勉強会や外部講師を迎えての研修の開催、関連する外部研修への参加といった機会をぜひ設けてください。

6）ボランティアが寄付者になる

日本ファンドレイジング協会が発行している『寄付白書2021』によれば、ふるさと納税を除いた、いわゆる寄付については、ボランティア活動をしている人の寄付金額の平均値が、ボランティア活動をしていない人の平均値を上回っているそうです。「社会貢献意欲のある人」ということで考えると納得のいくデータです。

ボランティアをしてもらっているのに寄付までお願いするのは申し訳ないと思いがちですが、「応援したい！」という気持ちは、寄付という形を取ることもあるのです。もちろん、ボランティアに対して、一般向けの寄付募集のチラシをただ送りつけるといったやり方はよくありません。平素の支援の感謝を表しながら、寄付のお願いをするといった配慮が必要でしょう。

2-3 プロボノの協力

☐ プロボノとの連携を成功させるには、必要とする専門性を明確にしておく

☐ プロボノに団体の予算や人材の現状を理解してもらい、実現可能なソリューションを提供してもらう

☐ プロボノには「やってもらいたいこと」を明確に伝える

☐ プロボノと事務局スタッフがチームを組むことで期待する成果に導くことができる

☐ プロボノとして協力してくれる人材が団体の身近にいない場合は、プロボノ団体を活用する

プロボノとは、ラテン語で「公共善のために」を意味する "pro bono publico" の略で、各分野の専門家が、職業上持っている知識・スキルや経験を生かして社会貢献するボランティア活動を意味します。ファンドレイジングにおいても、それぞれの分野の専門家がプロボノとして活躍することが期待されています。

　多くの非営利団体で、各分野の専門家が、さまざまな場面でボランティアとして専門性の高い作業にプロボノとして協力しています。

　ファンドレイジングにおいても、各種の専門性が求められる場面が多いのですが、専門家を雇用する余裕もないことが多いため、プロボノの協力が求められます。

　具体的には、プロのコンサルタントがファンドレイジング戦略の立案をする、ウェブクリエーターが共感性の高い団体ウェブサイトを製作する、システムエンジニアが寄付者データベースを構築する、イベントプランナーがチャリティイベントの運営マニュアルを作る、広告代理店のクリエーターが団体パンフレットを作る、といった場面でプロボノがファンド

レイジングに協力しています。

　その多くが、「プロボノのおかげで素晴らしい成果が挙げられた。協力に心から感謝している」という成功談ですが、一方で、「せっかくプロボノに頼んだのに、期待するような成果が得られなかった」という話も聞きます。

　そこで、プロボノとの連携を成功させる5つのポイントを以下に挙げます。

1）必要としている専門性の明確化

　「システムエンジニアにプロボノで仕事帰りに事務所に来てもらったら、何となく遅れている感じの事務局内のIT環境がいろいろ改善されるだろう」といった考え方はプロボノ活用からはほど遠いものです。専門性を生かして何をしてもらいたいのかが明確でなくてはプロボノの力を発揮してもらえません。そこで、以下の項目について団体内で明確化しておくことが必要です。

① 必要としている専門性について

　事務局運営において、あるいは事業推進においてもさまざまな専門性が求められますが、それを洗い出しておきます。複数あるなら、その優先順位をつけた上で、それぞれについて以下の②を決めます。

② その専門性を生かして何をしてもらいたいか
例）

システムエンジニアに
- 支援者データベースの導入・構築をしてもらう
- データベースの維持・管理のマニュアルを作ってもらう

デザイナーに
- 団体ロゴを作ってもらう
- ロゴを生かした団体案内パンフレット・封筒・レターヘッド・名刺をデザインしてもらう

保育士に

- 子育て支援プログラムを監修してもらう

2）団体のことを理解してもらう

　団体の掲げるミッションへの理解と共感がなければ、専門性を惜しみなく提供してもらえません。また、団体の予算や人材に限りがあることなどを理解してもらわないと、実現可能なソリューションを提供してもらえません。

　例えば、ウェブサイトを作ってもらうとして、完成後に情報を更新するスタッフの技能について理解してもらっていなければ、実際の運用は困難になります。

3）「やってもらいたいこと」を明確に伝える

　「やりたいこと」ではなく、「やってもらいたいこと」を実行してもらうためには、1）で設定した目的をきちんと伝えてから作業を開始してもらわなければなりません。

　この際に大切なのは、口頭ではなく文章化して伝えることです。例えば、プロボノのデザイナーに団体ロゴのデザインを依頼した時に、ただ「カッコいいのを作ってください！」と依頼して、その結果、フルカラー印刷でないと再現できないものが出来上がってきたら、モノクロ印刷で印刷代を安く抑えている団体では使えないものとなります。「こういう媒体に、こういう形で掲載するためのロゴ」だという仕様・要件を伝えておかなければなりません。

　「やってもらいたいこと」を伝えた上で、手法やスケジュールなどについては、次の項目4）でチーム編成した事務局スタッフとともに考えて作業を進めてもらうよう、あらかじめ依頼しておくことも重要です。

4）事務局スタッフとチームを組む

　専門家に任せっぱなしでは、プロボノの負担が重くなりすぎます。専門性を要する作業は任せるとしても、事務局スタッフを交えたプロジェクト

チームの一員として関わってもらうことで、団体が期待している結果から
それてしまうことを避けられます。

5）プロボノ団体を通じた依頼

　プロボノとして協力してくれる人材が団体の身近にいるとは限りません。
また、専門知識や技術を持った人をボランティアとして募集するのは時間
と手間がかかります。プロボノという役割を理解している人が申し出てく
れるとも限りません。そこで、プロボノサービスの提供団体を通じて協力
を求めるといいでしょう。

　参考までに、2つのプロボノ団体を紹介します。

1．特定非営利法人 サービスグラント

　さまざまなプロフェッショナルスキルを持った「プロボノワーカー」数
人からなるプロジェクトチームを作って、支援先として採択された団体に
対して具体的な成果物を提供するために6カ月間プロボノとして活動・参
加します。

2．特定非営利法人 二枚目の名刺

　「二枚目の名刺」とは、本業・本職で持つ1枚目の名刺の他に、もう1
つの社会活動に取り組む人が持つ名刺のことです。ビジネスマンがプロ
ジェクトチームを組み、非営利団体の経営課題に取り組む「サポートプロ
ジェクト」をコーディネートして実施しています。

2-4 # ファンドレイジング志向のウェブサイト

ポイント

- □ ファンドレイジング志向のウェブサイトにするには、トップページは寄付ページへの誘導を最優先にする
- □ ファンドレイジング志向のサイトにするには、寄付手続きのページにも共感を呼ぶ印象的な写真を掲載する
- □ オンライン寄付を得る際に、マンスリーサポーターへの誘導をすることで支援の継続率が高まる
- □ メルマガ、ブログ、Facebook、Twitter などのオンライン上の他のメディアと連動をして、アクセス数の拡大につなげる

> ネット決済で商品やサービスの支払い決済をすることが一般的になった現在、寄付や会費についてオンライン決済を導入する団体が増えています。ファンドレイジングに適したウェブサイトを解説します。

　非営利団体のウェブサイトは、その団体が取り組んでいる社会の課題に関心を抱いて、寄付などの支援をしようかと考える人たちが閲覧する可能性が高いものです。

　ウェブサイトにアクセスした人に寄付などの行動を起こしてもらうためには、下記の3つのポイントを押さえて、「ファンドレイジング志向」のサイトを用意します。

1. トップページは寄付ページへの誘導を最優先に

　サイト来訪者のランディングページ（着地ページ）を寄付や入会のページにするようにトップページをデザインすることが大切です。ランディングページとは、サイト来訪者を飛行機の着陸に例えた言い方です。飛行機を着陸させて適切な駐機場に誘導するように、適切なページに誘導することを意味します。

　団体のトップページは、団体概要、活動紹介、イベント告知など掲載したい内容が多くて「盛りだくさん」になり、寄付の依頼も「その一部」になりがちです。トップページをスクロールした下の方に寄付ページへのボタンを設置するというのでは、寄付にたどり着いてはもらえないでしょう。

　そこで、まずは、寄付ページへのリンクボタンを上部の目立つところに設置します。

　さらに、よりファンドレイジング志向のサイトにするには、ページの上部に共感につながる大きな写真、例えば受益者の姿や活動風景などを掲載して、そこをクリックしたらすぐに寄付ページに飛ぶようなデザインにします。

　そもそも、団体の取り組む社会の課題に関心を持って、あるいは団体自体に関心を持って、検索しアクセスしてくれるのですから、その人たちを「潜在的寄付者」と見なして、ランディングページを寄付ページにすることは道理にかなっています。

寄付ページはトップページの目立つところに置く

2. 寄付のページに共感を呼ぶ写真を掲載

　「支援しよう」と思って寄付のページに「ランディング」すると、そのページには淡々と寄付メニューが文字で表記されていて、決済画面へのリ

ンクが貼られているような殺風景で事務的なページになっていることが多々あります。

これでは、せっかく共感して支援しようと思った気持ちが冷めてしまいます。寄付ページにこそ、共感を呼ぶ写真などを掲載することが求められます。さらに、「人は人に寄付する」と言われていますので、写真は受益者や活動者が効果的で、しかも「カメラ目線」が訴求力を高めます。

寄付のお金で何が具体的にできるかを書く

寄付ページには訴求力のある写真と分かりやすい説明を置く

3. マンスリーサポーターへの誘導

クレジットカードで毎月一定額を寄付してくれるマンスリーサポーターは、長い目で活動を応援してくれる支援者として、継続的、安定的な収入を提供してくれる貴重な存在です。

ウェブサイトのトップページの「今すぐ支援する」をクリックすると、一般寄付のメニューを「寄付会員になって継続的に支援（月々1000円から）」と「今回のみ自由な金額で寄付する」の2つのタブで選べる画面を

表示して、そのデフォルトをマンスリーの方に設定するという工夫もできます。その場合、「支援者の声」などの筆頭においてもマンスリーサポーターを紹介することで、「この団体を支援するのはマンスリーが一般的」というイメージを打ち出すことができます。

　最初の支援から継続的な支援を得るのは容易ではありませんが、オンライン寄付ならではのマンスリーサポーターへの導線は「太め」に用意したいものです。

マンスリーをデフォルトに設定する

みなさまの ご支援 をよろしくお願いします。

寄付会員になって継続的に支援
（月々1,000円からの継続支援）　　今回のみ、自由な額で寄付する

01 入力　▷▷▷　02 入力内容の確認　▷▷▷　03 完了

基本情報　　　　　　　　　　　必須 は必須項目となっております。

必須 姓　　　　　　　　　　　　　　　（例）鈴木

必須 名　　　　　　　　　　　　　　　（例）一郎

マンスリーをデフォルトにするなどの工夫をする

　寄付をたくさん集めている団体のサイトからは学ぶところがたくさんあります。自団体のサイトがファンドレイジングのためにきちんと機能するデザインになっているか、他団体のサイトと見比べてください。

4. メルマガ、ブログ、Facebook、Twitterとの連動

　共感してくれた人に寄付というアクションを起こしてもらうためには、寄付者の立場に立って「寄付がしやすい」「寄付をしたくなる」サイトを用

意した上で、そこに頻繁にアクセスしてくれる人を増やすことが必要です。

　団体のウェブサイトを、メルマガ、ブログ、Facebook、Twitterと連動（リンク）させ、より多くの人に、アクセスしてもらう、読んでもらう、応援してもらう、拡散してもうことで団体の支援者拡大につなげたいものです。メルマガ、ブログ、Facebook、Twitterについて、主な経路、期待できること、ポイントを以下にまとめます。

1）団体のFacebookページに「いいね！」をしてもらう

① 主な経路

- 団体のウェブサイトにFacebookページの表示パーツを掲載。
- スタッフ、理事、ボランティアなどの関係者が、Facebookの「友達」に「いいね！」をリクエスト。

② 期待できること

- 団体のFacebookページに「いいね！」をしてもらうことで、最新記事がニュースフィードに表示されるようになり、最新情報を知って、そこからウェブサイトを訪れてもらえる。
- 投稿記事の中で「シェアしてください」とお願いすることで情報を拡散してもらう。
- Facebookイベントページに招き入れて集客につなげる。

③ポイント

- Facebookページの「いいね！」のクリックは軽い気持ちでするものなので、その人たちに「寄付してください！」「会員になってください！」と訴求するのは場違い。緩やかに支援者の裾野を広げていくための情報発信ツールとして活用する。
- コメントに「いいね！」をする、コメントを返すといったコミュニケーションで関係性を深めていく。

2）Twitterのフォロワーになってもらう

① 主な経路

- 団体のウェブサイトにタイムライン表示パーツを掲載する。

- 団体が関心層をフォローする。
- スタッフ、理事、ボランティアなどの関係者がリツイートする。

② **期待できること**

- 特定のテーマに関心のあるフォロワー、潜在的支援者に情報を伝えられる。
- 活動現場から臨場感のある情報発信ができて共感の輪が広がる。
- イベント時の実況中継で参加者同士の一体感を演出する。

③ **ポイント**

- こまめに「つぶやく」ことで認知度が向上する。
- 「フォロワー」の数を増やし、その中からブログやウェブサイトに来る人が出てくればよい。支援を募るのではなく、関心を持ってもらうことが目的。

3）メルマガ登録してもらう

① **主な経路**

- 団体のウェブサイトにメルマガ登録フォームを掲載。
- イベント参加者へのアンケートで登録を受け付ける。その際にデフォルトを「登録」にしておいて、不要の際に×印などで意思表明をしてもらうとよい。
- スタッフが名刺交換した人に送付する（不要なら登録解除してもらう）。

② **期待できること**

- リンクによって、寄付募集のページに誘導できる。
- HTML形式で画像を送ると、共感力のあるメッセージが伝えられる。

③ **ポイント**

- タイトル（件名）で興味を持ってもらって開封してもらう。
- 配信ソフトの差し込みメール機能を使って、「あなた宛て」になるようにカスタマイズすることで訴求力を高める。
- メルマガ配信ソフトを使ってHTML形式で写真などを盛り込む場合、画像の表示に抵抗感のある人たちもいるので、受信者がテキスト版

を選択できるように配慮する（配慮していることを示す）。

4）ブログを読んでもらう

① 主な経路

- 団体のウェブサイトにバナーを掲載。
- 更新情報をウェブサイトの新着情報、Facebookページ、Twitterなどで報告。
- ブログ記事にFacebookやTwitterでシェアするボタンを設置して読者に拡散してもらう。

② 期待できること

- ウェブサイトが静的情報を伝えるものであるのに対して、動的な新しい情報を発信できる。
- 支援者に対して、活動の進捗や成果を定期的に報告することができる。
- ブログ読者という団体のファンに対しては、活動について報告しつつ寄付依頼ができる。

③ ポイント

- スタッフ、理事、ボランティアが署名記事を書くことで「顔の見える団体」になる。
- 活動報告に際しては、文章と写真で活動が生んだストーリーを伝える。

オンライン決済システムの導入

□ ネット通販のように寄付や会費納入にもオンライン決済が望まれている

□ 非営利団体向けに、簡単かつ安価に導入できるオンライン決済サービスが提供されている

□ オンライン決済によって、継続率の高い「マンスリーサポーター」のような継続課金のプログラムも実施できるようになる

□ 審査基準や費用はサービス提供会社によってまちまちなので、導入に際しては複数のサービスを比較検討すること

> 団体の活動に共感して「活動を支援しよう！」と思い至った寄付者や会員は、学校に通い、仕事をし、家庭生活を持つ、忙しい日常生活を送る生活者です。より簡便な寄付の方法としてのオンライン決済システムの導入が求められます。

オンライン寄付は、会員や寄付者へのサービス向上に資するものであると同時に、団体にとっても、団体の発信する情報に接して共感した潜在的な寄付者が、「思い立ったらすぐに寄付できる」ことで支援者拡大が期待できます。さらに、オンライン決済の導入で、継続率の高い「マンスリーサポーター」のような継続課金のプログラムも実施できるようになります。

1. 2種類のオンライン決済

多くの非営利団体が導入しているオンライン決済には下記の2つの方法があります。

1）クレジットカード決済

決済代行業者を通じて、クレジットカードによって寄付や会費を納めてもらいます。単発の寄付や新規入会、継続時の会費納入に加えて、継続的

65

な寄付（いわゆるマンスリーサポーター）として、毎月一定金額を自動で引き落とすことにも活用されています。決済代行業者が社会貢献のために、非営利団体向けのプログラムを用意して、手数料を安価に設定している場合もありますし、非営利団体専門の決済代行業者もあります。

2）口座振替（自動引き落とし）

　口座振替とは、支払代金が銀行口座から自動的に引き落とされる決済サービスのことです。非営利団体の場合、クレジットカードを持たない人を対象にしたマンスリーサポーター制度に活用されています。口座振替サービスを導入するには、金融機関ごとに個別に契約を結ぶ方法と、多数の金融機関と提携している決済代行会社と契約を結ぶ方法があります。

　決済代行会社を利用すれば、団体がたくさんの金融機関と個別に手続きをする必要がないため、作業負担は軽くなります。それでも、まず団体が支援者に口座振替依頼書を送付して、必要事項を記入して届出印を押印した上で返送してもらい、その後、口座振替依頼書を代行業者に郵送するといった手間がかかります。また、口座振替依頼書には重要な個人情報が含まれますので、保管時の注意や郵送の際には簡易書留などの利用も求められます。

2. 導入に当たって確認すべき点

　オンライン決済を導入する際に確認すべき点を 10 項目挙げます。多くの決済代行会社が小規模の非営利団体でも導入できるサービスを提供していますが、一度導入してからの変更はコストも手間もかかりますから、あらかじめ、どのような種類のオンライン決済を行いたいのかを決めて、複数の会社の見積もりを取るなどして、仕様やコストを検討してください。

1）決済の種類

　クレジットカード決済だけでなくコンビニ決済なども可能か、継続課金（毎月、毎年）が可能かなど、どのようなサービスを提供しているのか、団体の必要としているものが提供されているかを確認します。

2）審査基準・審査料

法人格や活動年数などの基準を設けているものがあります。多くの場合、審査料は無料ですが、課金するところもあるので要確認です。

3）初期費用

オンライン決済を導入するためにサービス提供会社に最初に支払う費用。

4）月額固定使用料

クレジットカード決済の利用件数にかかわらず毎月支払う費用です。月に０件の利用でも1000件の利用でも、固定費用が必要になります。

5）決済手数料

１つの決済ごとに発生する費用です。インターネットでの物品販売では、支払額の５〜７％程度が一般的です。

6）処理手数料

１つの決済ごとに固定的に発生する費用です。手数料には、オーソリ取得処理（消費者のクレジットカード番号の整合性と与信限度額をチェック）と売上請求処理（クレジットカード会社に対する売上請求）があります。その両方に「オーソリ取得で５円。売上請求１件で10円」のように課金されるもの、片方だけのもの、どちらにも課金しないものがあります。確認の上、毎月の決済件数を予想しておく必要があります。

7）入金されるまでの日数

例えば「月末締め15日サイト」という場合は月末に締めて翌月の15日に入金（振込）処理が行われることになります。「月末締め45日サイト」であれば月末に締めて翌々月の15日に入金（振込）処理が行われることになります。資金繰りに影響するので、注意が必要です。

8）銀行等への振込手数料

締めた後の金額を団体が指定する口座へ入金（振込）する際の費用。

9）利用可能カードの種類

クレジットカードについては、VISA と MASTER はほとんどが対応していますが、それ以外の JCB、AMEX などのカードが使えればベターです。

10）導入までの所要日数

団体がサービス導入を決めてから、審査やシステム登録などを経て、実際に寄付者に使ってもらえるまでにかかる日数です。寄付キャンペーンや新年度入会など、団体のファンドレイジングの予定と合わせて、導入スケジュールを立ててください。

3. クレジットカード決済の導入までの流れ

ここでは、非営利団体がクレジットカード決済代行業者を通じたオンライン決済を導入する際の手続きについて一般的な流れを紹介します。

STEP 1

決済代行業者に申し込む。

STEP 2

資料と申込書がメールで送られてくるので、申込書に必要事項を記入して返送する。別途、事業計画書・事業報告書、登記簿謄本などの提出が求められる場合がある。

STEP 3

審査で問題がなければ見積書が送られてくる。

STEP 4

見積もりに対して発注すると、決済システム接続仕様書と ID・パスワードが送付される。

STEP 5

団体の HP にシステムの組み込みを行う。HP 作成の知識がない団体へ

は、サイト作成などの導入サポートを用意している会社もある。

STEP 6

　システム組み込み完了後、支援者がカード決済で寄付や会費納入できる
ようになる。

2-6 システム導入に不可欠な団体内合意

ポイント

□ オンラインシステムの導入には団体内の合意形成が重要
□ システム導入に向けた「チェックシート」を用いて意見を集約する

> 新しいITシステムの導入によって、効率的なファンドレイジングが実現します。新しいシステムのメリットを皆で理解して、スムーズな導入を図るためにはどうしたらいいのでしょうか。キーワードは「合意形成」です。

　メールやウェブサイトは基本として、SNS、支援者データベース、会計ソフト、グループウェア、オンライン決済、メルマガ配信、ウェブアンケートなどのシステムを、ファンドレイジングに際して「縦横無尽」に活用している団体が増えています。

　企業であれば、効率化、コスト削減といった大義名分のもとに、社員は「気が進まなくても、会社の指示なら仕方ない」という感じで新しいシステムの導入が進みます。他方、非営利団体の場合、「思いと志で集まったフラットな関係の仲間」が活動をしていく中で、合意形成が強く求められます。ITシステムを導入する際も同じです。

　ただ、とかく何か新しいことを始めようとすると、推進派と慎重派に分かれがちで、双方に言い分と気分があり、漫然と話し合っていてもらちが明きません。また、意見を求められた際に、「そもそも自分には不得手な分野だから意見なんて言えない」と黙ってしまい、それでいて不満が残るというのも、スムーズな導入や、その後の活用に支障をきたすことになります。

　そこで、チェックシートを各自に配り、検討してもらい、そして意見の集約を図ることが重要です。

システム導入に向けたチェックシートの例

システム名	
目的	
価格	
説明サイトURL	

導入すると良くなること	懸念されること

採点してみよう！	○　△　×	意見など
団体のためになるか？		
支援者のためになるか？		
すぐに導入すべきか？		
私に使えそうか？		
私以外の人に使えそうか？		
費用対効果は？		

私の結論！　（○をつけて下さい）

・導入したい　・してもいい　・分からない　・しないほうがいい　・これはだめ

さらに知りたいこと

名前

71

　まずは、導入を提案する人が、このシートで「満点」に近い確信を持つこと、そして、分かりやすい言葉で他のスタッフに説明し、その上で、皆にもシートを使って採点（意見）を出してもらう。そういうプロセスが求められます。実際には、パンフレットや、すでに導入した団体の実情といった情報も共有し合う必要があります。

　ファンドレイジングはファンドレイザーだけでできるものではありません。理事から学生ボランティアまで、それぞれに役目を果たしながら組織が一丸となって取り組むことがファンドレイジングの原則です。

　また、ファンドレイジングの場面だけではなく、事業の実施や組織運営にも、IT の活用で効率化と質の向上を図ることは不可欠です。

　いずれにしても、新しいシステムのメリットを皆で検討・納得した上で導入するということが大切です。「不承不承」では、せっかくのツールが十分に活用されない、あるいは使われなくなっていくことにもなりかねません。団体内の合意形成が不可欠です。

第3章

個人としての準備

3

3-1 ストーリーテラーになる

ポイント

□ 団体の活動から生まれた「物語＝ストーリー」を語る

□ ストーリーは何パターンか作り、対象に応じて、どのエピソードが心に響くかを考えて選択する

□ 練習を重ねて自信を持つことで、落ち着いてきちんと伝える態度や口調が生まれる

> ファンドレイジングには、多くの人たちに活動を伝えて共感を得ることが欠かせません。そこで重要なのが「ストーリーテリング」です。これは、印象に残るエピソードを語ることによって、聞き手の気持ちを引き寄せるコミュニケーション手法の1つです。共感を得るための「ストーリー」を解説します。

　自分の団体について話す時には、団体のウェブサイトに掲載している「団体概要」を正確に話せば十分だと思いがちです。しかし、団体が取り組む社会課題についての共感、課題によって困難な状況にある人たちへの共感、課題の解決、活動する人たちへの共感を求める際に、団体の設立経緯や目的、活動内容などを説明するだけで十分でしょうか。

　海外の非営利団体の人たちのスピーチで、聴衆を含めた会場が一体となって聞きほれるシーンを何度か体験したことがあります。そこには必ず「物語＝ストーリー」が含まれていました。具体的には、スピーチやプレゼンテーションが、"Let me tell you about ○○"（○○さんについてお話しさせてください）というフレーズから始められます。その○○さんは、過去の自分だったりもします。そして、印象的な「ストーリー」に会場がシーンと聞き入ったところで、一拍おいて、団体説明が簡単にあり、最後に「皆さんもご一緒に社会を変えていきましょう！」というように支援を訴えて終了するのです。そして拍手喝采！　といった流れです。時間は3分ほどで

すが、そこにいる人たちの心をぎゅっとつかんでいました。

　日本でも、「あの人、話が上手だなあ」と感じさせる非営利団体の人の話には共通するパターンがあります。それは下記のパート１からパート４の、いわゆる、物語の「起承転結」です。

パート１．ストーリーの主人公の紹介

　「こんにちは」という挨拶、団体の活動内容を簡単に述べてから、ストーリーに入ります。ここでは、ストーリーの主人公となる人物の名前、年齢に加えて、印象的な容姿、例えば「いつも頬が赤い」とか、「やせて力のない目をした」などといったことを語ります。ファーストネームだけ、あるいは「仮に、○○ちゃんって呼ばせてください」といった言い方でもかまいません。仮名なら言わないのと同じとも思えますが、固有名詞はリアリティーを感じさせるので、名前を付けて語ることは重要です。

パート２．主人公がどういう状況にあったか

　主人公がどのような困難に直面していたかを語ります。悲劇的なことも静かに淡々と語ります。また、ここにはイメージをかきたてて記憶に残るようなキーワードを入れることも大切です。

パート３．その主人公と団体との出会い

　どうやって主人公が団体と巡りあったのか、その時の状況、出会った時に何が起こったのかについてドラマチックに語ります。なお、ここまでの話の間にも主人公の名前を何度か出しましょう。固有名詞があると話に真実味と人間味が加わるからです。さらに、「同じ話が続いている」ことを理解してもらうことにもつながります。

パート４．そして主人公の状況がどう変わったか

　ここがクライマックスですので、感動的に語ります。そして、一番大事なのが、パート４で終わるストーリーの最後に、ひと呼吸おくこと。「なるほど！」と聴衆が静まりかえって感動する瞬間を演出します。

パート5．団体の紹介

　これまでのストーリーを受けて、ここからが説明部分になります。「私たちは…を目指して…といった活動しています」ということを話して、団体について覚えてもらいます。ただし、せっかくの感動に水を差してはならないので、定款に書かれたような固い文章ではなく、平易な言葉で紹介します。

パート6．支援を募る

　寄付などの支援を募る大事な部分です。会場との一体感を保ちながら、「一緒に社会を変えていきましょう！」「…を実現しましょう！」というメッセージで終了します。この部分で、必ず団体名を言うことが重要です。スピーチをして、ストーリーに共感した人は名刺交換で声を掛けてくれる、会場内に置いてあるパンフレットを手に取るなどの行動を起こしてくれます。さらに、ネットで詳しく調べたり、そこからメルマガ登録をしてくれたり、寄付やボランティアで参加してくれる、協働を提案してくるなどの展開が期待されます。

　普通、人が1分間に話すのが300文字から350文字だと言われています。これらパート1からパート6までの要素を盛り込みながら3分間以内で話すためには、約1000文字以内の原稿にまとめなくてはなりません。ストーリーの目的は、正確に理解してもらうことではなく、ストーリーに感動して団体名（話し手）を聴き手の心に残すことです。それが次のアクションにつながるからです。

　このパート1からパート4のエピソードは、何パターンか作っておく必要もあります。話をする対象に応じて、どのエピソードが「心に響くか」を考えて選択するためです。受益者、活動者、支援者、そして自分 ── 。ストーリーの主人公はたくさんいるはずです。まずは1000字程度の原稿を書いてみましょう。

次に、原稿を書いたら、それを覚えて、スムーズに話すための練習も欠かせません。スポーツでは「練習でできないことが試合でできるわけがない」と言われています。スピーチも同じです。練習を重ねて自信を持つことが、落ち着いてきちんと伝える態度や口調につながります。

〈ストーリーの例〉

　※架空の団体です。その事務局長が女性経営者の勉強会に参加した時の自己紹介という設定です。

・・・

　はじめまして。NPO法人ガールズ・ホープ・プロジェクト事務局長の鈴木花子です。

　私たちは、途上国の女子の教育支援を行っています。学校に行けない、あるいは行けなかった女の子のための寺子屋をインドの５カ所で運営しています。寺子屋では、いわゆる読み書きそろばんに加えて、自立に向けてミシンの技術を教えています。あわせて、教育を受けることが貧しさの克服につながることを伝える人形劇によって、地域住民に対する啓発活動も行っています。

　先日、私は、インド中央部のアリーラジブルの活動現場を訪ねました。そこで、私は、ラニという女性と８年ぶりに再会しました。その話をさせてください。

　ラニと初めて会ったのは、彼女が９歳の時でした。ラニは貧しい農家に生まれ、子どもの頃にポリオにかかったそうで、つえなしには歩くことができず、学校にも通っていませんでした。私が初めて会った時のラニは、寺子屋に通い始めたばかりで、ずっと家族からも、コミュニティからも厄介者とされていたからでしょうか、暗い目をした女の子でした。後から聞

いたところ、彼女の母親は寺子屋では給食が出ると聞いて、足が悪くて畑仕事もできないラニの食事代が助かると考えて連れてきたそうです。

　その後、私はラニのことを忘れていました。

　8年ぶりに訪ねたアリーラジプルの寺子屋で、私は、子どもたちにミシンを教える、若いはつらつとした女性に声を掛けられました。ラニでした。

　ラニは、寺子屋で3年間学んだ後、仕立屋として収入を得るようになり、今では家計を助け、弟の学費も払っているそうです。そして、週に1回、自分が学んだ寺子屋で教えています。笑い声が絶えない教室でステッキをつきながら忙しげに歩き回ってミシンを指導しているラニを見て、私は、ガールズ・ホープ・プロジェクトの活動を支えてくださる方たちに、彼女の姿を見せたいと心から思いました。

　ガールズ・ホープ・プロジェクトは、インドで教育の機会を与えられない女の子が笑顔の似合う自立した女性になることを目指して活動を続けています。

　ガールズ・ホープ・プロジェクトの活動は多くの方からのご寄付によって支えられています。2万円のご寄付で、インドの貧しい女の子が1年間、私たちの寺子屋で学ぶことができます。暗い目をしていた8年前のラニのような女の子の未来を、多くの皆様と一緒に変えていきたいと思っています。どうぞ、よろしくお願いいたします。

3-2 エレベータートーク

ポイント

□ ストーリーテリングのショートバージョンがエレベータートーク
□ 1分間で団体の活動に関心を持ってもらうエレベータートークを用意する
□ エレベータートークの目的は、関心を持ってもらうこと

　1分間で団体の活動に関心を持ってもらうためのエレベータートーク。文章を作って、それを話す練習をしておけば、急に話す機会が来てもあわてませんし、しっかりと聞き手の心をつかむことができます。その作り方とポイントを解説します。

1. エレベータートークとは

　会合などの冒頭で、「団体名とお名前、あと簡単に活動についてお話しください」と司会者に自己紹介を促されることがあります。こうした機会は聴衆に団体のことを知ってもらい、ファンドレイジングにつなげていく貴重な機会となります。有効に使いたいものですが、自己紹介などでは、特に指定がない場合は持ち時間は1分程度が限度です。

　「エレベータートーク」という言葉があります。米国で若い起業家が高層ビルの上層階にオフィスを構える投資家とエレベーターで偶然会ったふりをして「自分を売り込む」という方法から名づけられたものです。面会予約が取れないような相手でも、エレベーターに乗り合わせた状況では逃げ場もなく、仕方なく話を聞くことになります。ただし、エレベーターが目的の階に到着するまでに与えられた時間は、数十秒程度。限られた時間で全てを話すことは不可能です。エレベータートークの目的は「関心を持ってもらうこと」です。次の展開に向けた布石です。

　ファンドレイザーもまた、いろいろなところで出会った人たちに、このエレベータートークで関心を持ってもらうことが大切です。話を聞いて、「どんな活動をしているのか、もっと調べてみよう」とウェブサイトを閲

覧してもらえたり、名刺交換してもらえたりします。そこから支援者との、
あるいは連携先との関係構築の第一歩が築けます。

2. エレベータートークの作り方

エレベータートークの原稿を 300 文字から 350 文字で書いてみましょう。
人が 1 分間で話せる分量の平均がそのくらいだからです。

その中に、必ず下記の項目を盛り込みます。

1）団体名

2）自分の名前

3）団体の主な目的

ここは、「大義」だけでなく、誰を笑顔にしているかを入れます。

4）団体の主な活動と自分の担当

主な活動や、ユニークで面白い活動があれば、それらを 2、3 入れ
ましょう。

5）団体の素晴らしいところ

ユニークなところと言い換えてもいいでしょう。「同じ悩みを持つ
若い母親が集まって始めた団体です！」「来年で 50 周年を迎えま
す！」「スタッフ全員、マイ箸を持っています！」とか、一言で印
象付けられる言葉を盛り込みます。

このエレベータートークの基本形は、書き足すことでいろいろなスピー
チに活用できます。例えば「3-1 ストーリーテラーになる」で作ったスト
ーリーを盛り込んで、さらに、具体的な依頼内容を加えれば、寄付の依頼
に企業などを訪問する時のプレゼンテーションのテキストにもなります。

次ページの文例は 360 文字程度でまとめたものです。ぜひあなたのエレ
ベータートークを書いてみてください。

〈エレベータートークの例〉 ※架空の団体です

「わかば子ども食堂」の鈴木花子です。 —— **団体名・名前**

私たちは、毎日一人ぼっちでカップ麺を食べている子、ちゃんとした食事は給食だけという子どもたちに、温かい夕食を無料で提供しています。 —— **活動目的**（誰を笑顔にするための活動かを入れる）

食堂に来る子たちは、今、社会問題化している子どもの貧困の、まさに当事者です。スマホを持って、色とりどりのダウンコートを着てやってくる子どもたちのどこが貧しいのって思われるかもしれません。でも、この子たちの母親の多くが非正規社員のシングルマザー。年収150万円以下、子どもに満足な食事を与える余裕もないという状況です。実際、給食のない夏休み明け、げっそりと痩せてしまう子どももいます。 —— **主な活動**（１つか２つ、場合によっては信頼性につながるものを盛り込む）

わかば子ども食堂は、皆様からの寄付とボランティアによって運営されています。特に地域のおばあちゃんたちの「おふくろの味」は大人気です。若葉商店街の入り口近くですので、一度のぞいてみてください。よろしくお願いいたします。 —— **団体の素晴らしいところ**（エピソードや根拠も含める）

3-3 心理学から学ぶ

□ 支援を募る際に、相手に喜んでもらえることを用意すると、「お返しを
したい」という気持ちで寄付をしてもらえる
□ 活動に対する小さなコミットメントが、その後の大きな支援につながる
□ 「みんなが寄付している」ことが寄付の動機になる
□ 期間や達成までの数値を示して「希少なもの」を求める心理に訴える

寄付集めとは、「寄付するように説得すること」です。社会心理学者ロバー
ト・チャルディーニ氏は、人が説得される時の心理学的要因を6つの原理
で明らかにしています。この6つの原理から、寄付集めのコツを学びます。

社会心理学者ロバート・チャルディーニ氏は、著書『影響力の武器（第
3版)』(2014) で、人が説得される時、そこには6つの心理学的な要因が
あるとしています。

- 返報性（Reciprocation）
- コミットメントと一貫性（Commitment and Consistency）
- 社会的証明（Social Proof）
- 好意（Liking）
- 権威（Authority）
- 希少性（Scarcity）

有能なセールスマンなど「説得のプロ」は、これらの心理的要因を巧み
に利用して、「イエス！」を引き出しているのです。寄付集めに際してこ
れらはどのように生かせるのでしょうか。

1. 返報性

　これは、「受けた恩は、返したくなる」という人間の心理です。スーパーで試食を勧められて食べてしまうと、ついつい商品を買ってしまう。土産物屋で高い値段のものを値引きしてくれると聞いて、せっかく譲歩してくれたのだからと考えて買ってしまう。このどちらもが「返報性」によるものです。

　ファンドレイジングに際しても、下記のような「喜んでもらう」「恩を感じてもらう」ことを用意しておくと効果的です。

例）

- きれいなクリスマスカードを送って、年末寄付キャンペーンの依頼をする。
- 会員継続依頼に、その人の「住所・氏名」を印刷したシールを「よろしかったらお使いください」と同封する。
- 寄付依頼の手紙に手書きで一筆添える。
- 一度寄付した人に、誕生日カードで次の寄付のお願いをする。
- 無料イベントの終了時に寄付依頼をする。

2. コミットメントと一貫性

　人は自分が一貫した人間でありたいと願います。それは、一度関わったことと矛盾した行動を取らないことが社会的に評価されると思っているからです。また、「前と同じこと」を選ぶ方が、慣れていて楽だからということもあります。

　先述の『影響力の武器』には、面白い社会実験の結果が挙げられています。安全運転のための大きな看板を個人の家の庭先に掲げてもらおうとお願いしても、美観が損なわれるなどの理由からほとんどが断られます。しかし、看板設置依頼の2週間前に、「道路から見える窓に貼ってください」と安全運転を促すメッセージを書いた小さなシールを貼ってもらった家庭の多くは、看板の設置を承諾したというのです。いったんコミットした人は、さらに大きな課題でも、一貫してコミットし続けようとしたわけです。

　小さなことにコミットしてもらうことから、寄付、入会、より高額な寄付をしてもらうことが期待できます。

例）

- 寄付の前に、「○○に賛同します」と、団体の活動への賛同者になってもらう。
- 寄付をしてもらったらウェブサイトや機関誌などの寄付者名簿に名前を掲載する。
- 寄付者に団体ロゴグッズ（マグネットやピンバッジ）をプレゼントして使ってもらう。
- 会員には「会員」の肩書の名刺を持ってもらう。

3. 社会的証明

　人は、「周りのみんながやっていることには、何か理由があるに違いない」と考えます。例えば、街頭で多くの人が空を見上げていたら、その場に居合わせた人の多くは同じように空を見上げます。テレビのお笑い番組では、スタジオに観客として動員された人がディレクターの指示で笑い声や拍手を送ります。テレビで見ている人は、本当はさほど面白いと思わなくても、みんなが笑っているのを見聞きしているうちにだんだん面白いと感じてきます。「サクラ」効果です。

　ファンドレイジングにおいても社会的証明として下記のようなアピールが有効です。

例）

- 「たくさんの人が寄付をしてくれています」と寄付者、会員名簿を公開する。
- 寄付キャンペーンに際して、「○○人の人たちから××円が集まりました」と前回のキャンペーンの結果を示す。
- クラウドファンディングで、スタート時にたくさんの寄付が集まるように事前の寄付依頼をして、呼び水効果をねらう。
- イベント開催後に大勢が集っている写真を公開する。

4. 好意

　人は自分のことを好きだと言ってくれる人を好きになり、その相手の言うことを受け入れます。例えば、店員に「そのジャケット、お似合いですね」などと褒められると、ついついうれしくなり、「このシャツをお合わせになってはどうですか？」と勧められるままに予定外の買い物をしてしまいます。『影響力の武器』によると、「自分に似ている」「自分を褒めてくれる」「協力して成果を挙げる仲間」という３つの場合に特に好意は高まるそうです。団体も接点を持った人たちに下記のような働きかけをして、好意を抱いてもらうように努めましょう。

例）

- 事務局や理事と支援者の交流の機会を設ける。
- 「〇〇さんのおかげで××ができました」とパーソナルなお礼の
  メッセージを送る。
- 受益者からの感謝のメッセージを伝える。
- 寄付者や会員を「功労者」として、ウェブや機関誌などでたたえる。
- 寄付者に誕生日カードを贈る。

5. 権威

　人は権威に弱く、自分で考えることなく、「きちんとした人が言うのだからもっともだ」と承諾してしまいます。テレビショッピングで、美しい女優が「これいいですよ！」と化粧品を紹介すると、それを買ってみようかと思ってしまいます。

　しかも、権威については、検証もせずに、そのシンボルとなる肩書や服装などを示されるだけで受け入れてしまうそうです。医薬品のテレビ広告の多くに「白衣姿の医学博士」が出てくるのも、こうした効果を狙ってのことでしょう。

　非営利団体も支援獲得のために、次ページの例のように「虎の威を借りる」ことも有効です。

例）

- 団体のパンフレットなどに、有識者の推薦文を載せる。
- 理事やスタッフのプロフィールを公開して、専門家であることを示す。
- 活動がマスコミに報道されたら、それをウェブサイトで報告する。
- 行政との協働、企業協賛、助成金や補助金を受けていることを示す。
- イベントに自治体や省庁などの「後援」を取りつける。

6. 希少性

　多くの人は手に入りにくいものほど貴重に思えてくるものです。また、「数量限定」「地域限定」「期間限定」などという文言で購買意欲がかき立てられることもあります。さらに、特典という形で、対象を限定する手法により希少性を示すこともできます。寄付を募る際にも、下記のように希少性を感じてもらうことができます。

例）

- 寄付の募集期間を限定する。
- 「あと何円で目標に達します」というように「残りわずか感」を出す。
- イベント時に「会員の皆様は、一般の方に先立ってイベント参加の申し込みができます」と先行受付をする。
- 「ご寄付した方を○○にご招待します」といった「特別感」を出す。
- 「会員限定」「寄付者限定」のオンラインジャーナルを発行する。

3-4 行動経済学から学ぶ

━━━━━━━ ポイント ━━━━━━━

□ 人は決定の際に「デフォルト（初期設定）」を選ぶ傾向がある
□ オンライン寄付の際、団体が望む寄付額や方法を初期設定しておく
□ 支援行動を決定させるのは理屈よりも感情
□ 心の中に「寄付のための財布」を持ってもらう

> 行動経済学者のダン・アリエリー氏は、人間を「合理的に行動する存在」とする従来の経済学では説明がつかない、「お金・感情・意思決定」にまつわる人間の不合理に見える行動パターンを明らかにしてきました。そもそも、経済的な見返りがないのにお金を提供する「寄付」という行為は、不合理な経済行動と捉えることができます。そこで、ダン・アリエリー氏の説から、寄付集めのコツを解説します。

　ダン・アリエリー氏は、その著書、『予想どおりに不合理』（2013）、『不合理だからうまくいく』(2014)、『お金と感情と意思決定の白熱教室』(2014)で、「行列の店の方が美味しいだろうと思い込む」「すぐにでも解約したい有料チャンネルの契約をいつまでも続ける」「ただなら喜んで人助けをするが、少ない報酬ではやる気が失せる」といった人間の不合理な行動パターンを解説しています。

　団体の活動に共感し、納得し、信頼したのに、「今日のところはちょっと……」と寄付に至らないケースがある一方で、「とにかく、すぐに応援したい！」という気持ちに駆り立てられて寄付をするケースがあります。

　そもそも、経済的な見返りがないのにお金を提供する「寄付」という行為も、不合理な経済行動と捉えることができます。寄付をした人の多くが、一見不合理な「何か」に背中を押されたのかもしれません。

　そこで、「寄付者の背中を押したもの」について、アリエリー氏の著書の中から5つの行動パターンを取り上げて考えてみます。

1. 人は決定の際に「初期設定」を選ぶ

　欧州では国によって死後の臓器提供の意思のある人の割合が大きく異なります。その理由として、アリエリー氏は「オプトイン・オプトアウト方式」の違いを挙げています。生前、本人が臓器提供をはっきりと拒否していた場合のみ臓器の摘出を断念する「オプトアウト型」を採っているフランス、ベルギー、オーストリアなどでは100パーセント近い人が「提供の意思あり」となっている一方、本人が臓器提供を明確に認めている場合だけ臓器の摘出を認める「オプトイン型」のイギリス、ドイツ、オランダなどでは30パーセント以下の人しか「意思あり」としていないとのことです。

　臓器提供という、自分でしっかり考えて決めなくてはならない重大な事柄でも、人は「初期設定を選ぶ」とアリエリー氏は説明しています。

　もっと日常的な話題でも、ネットでピザのトッピングを選んで注文する際、一方は「生地にのせるトッピングをリストからクリックして選ぶ」、もう一方は「全部のっている前提のピザからいらないものをクリックして取り除く」ようになっているとします。この時、後者の方がトッピングの多いピザが注文されていくという例が挙げられています。

　要するに、初期設定に従うことが、選択までの道筋として、手続き的にも心理的にも最も楽な方法なので、それが選ばれやすいということです。

　ファンドレイジングでも、寄付募集のウェブページで「1口2000円から」として「2000円×1」を選択肢の初期設定にしたら、2000円の寄付が多くなります。でも、「1口2000円から」とした上で、「1口2000円から、できたら2口以上でお願いします」として2000円×2を初期設定にしたらどうでしょうか？　おそらく、4000円の寄付が多くなるでしょう。

　それなら、初期設定を「2000円×5」にするとよいかというと、それでは寄付者を逃すことになりかねません。1万円の寄付をする人がどのくらいいるのか、見極めなくてはなりません。「×5」を「×3」や「×2」に変えるのも「初期設定を変更する」ことになり、それなら面倒だから寄付しない、5口以下は標準じゃないからやめておこう、という選択につな

がってしまいます。寄付金額の下限を想定しつつ、最も期待できる平均的寄付額はどこなのかよく考えた上で、「1口いくら」と「口数の初期設定」を決めなくてはなりません。

また、「本当は解約したいのに有料チャンネルや新聞の購読をやめられない人」がたくさんいるそうです。自動継続することが基本で、わざわざ解約するより楽だからついついそのままになっているのでしょう。

団体においては、会員募集ページの初期設定を、毎月会費がクレジットカードで自動引き落としされていく「マンスリー会員」にしておくと、マンスリー会員を選択する人が増え、なおかつ高い継続率が期待できます。

2. 人は周囲に同調する

また、アリエリー氏の著書には、ホテルのタオルの再利用について「環境保護のためにタオルを再利用してください」という札を客室に置いてもあまり効果がなかったのに、「このホテルの75％の人がタオルを再利用しています」という札を掲げたら再利用率が20％ほど上がり、「この部屋に泊まったお客様の75％がタオルを再利用しています」としたら、さらに35％まで上がったという実験結果が挙げられています。「皆がしている」ことが有効で、その「している人」については、「自分と同じ部屋に宿泊した人」など身近に感じる場合ほど同調したくなるのです。

寄付を募る際にも、多くの人から、できれば、その人が身近に感じる人たちから、「すでにご寄付いただいています」とアピールすることで、「それなら自分も寄付しよう」と考えてもらいやすくなります。支援者の応援メッセージを団体パンフレットやウェブサイトに掲載するのも効果的です。その場合に、男女、年齢、職業など、いろいろな立場の人を掲載すれば、多くの人の「自分に近い人」に合致する確率が高まります。

3. 行動を決定するのは感情

これについては、2つのポイントがあります。

1）問題が長期化すると、関心が小さくなる

　アメリカ人の寄付先と寄付金額の内訳を検証した結果、寄付者数と被害者数には負の相関があったそうです。どういうことかというと、ハリケーン・カトリーナや9・11テロの被害者に対して送られた寄付の方が、より多くの死者が出ているエイズやマラリアに対する寄付より多いのです。アリエリー氏は、「大事件が起こると急激に感情が高まって寄付が集まる。一方でマラリアやエイズは長期的な問題で感情が積み上がっていかない」と解説しています。

　寄付を募る際にも、緊急性を訴えて募る、あるいは「いつまでに何を実行するために必要な資金」と期限のある取り組みを示すことが有効です。

2）物事を統計的に捉えると感情のスイッチが切れる

　下記の2つの方法で寄付を募って結果の違いを見る実験が行われました。
①アフリカの国のロキアという名前の子どもが困窮している話をして寄付を募る
②アフリカの国の貧困問題を統計データなどで解説して寄付を募る

　結果は、①の方の寄付金額が②の2倍となったそうです。さらに、追加の実験では、①を話して、それに続いて②を話して寄付を募ってみたそうです。その結果は、②だけの時ほどは低くなかったものの、①だけの時の金額には及ばなかったとのことです。感情に訴える方法と統計を使う方法は両立しないという、意外な結果です。

　ファンドレイジングに際しては、まず、感情に訴えることと、「誰のために」ということを伝えることが重要です。

　また、せっかく感情のスイッチが入って、「支援しよう！」と思った人たちに、問題の深刻さを論理的に訴えようとして延々と統計データを用いた説明をしたら、そのスイッチが切れてしまいます。

4. 心の中にはいくつかの「財布」がある

　人の心の中には「心の会計」と呼べるような、用途ごとの別々の財布があります。この財布ができるとその用途についての支払いを悩まなくなる

のです。

　ローンを抱えている人が、たくさんの貯金がたまっても、その貯金をローンの返済に回そうとしないのが典型的な例です。金利を考えれば、繰り上げて元本をなくすために早く返済したほうがトータルで安く済むと分かっていても、貯金には手を付けたくないと考えてしまうからです。

　例えば、心の中に「いきつけのカフェのコーヒー用の財布」ができあがれば、毎日コーヒーを買うたびに「これは適正な支出か」と悩まなくなるという例も挙げられています。また、カジノではお金を「チップ」に換えないと遊べませんが、これもお金をチップに換えた途端、心の中で別の新しい財布となり、引き際も考えずに遊び続け、結局お金をすってしまうというカジノ側に有利なからくりなのです。

　寄付についても、皆が心の中に「寄付のための財布」を持ってもらいたいものです。個々の団体のレベルでいえば、マンスリーサポーターや会員のような継続的な寄付者には「心の中の財布」が出来上がっていると思われます。さらには、子どもの頃から「寄付をする」という習慣を持てば、それが「心の中の財布」として定着して、年齢や収入に応じて中身が増えていくでしょう。バザーやイベントに子どもたちも招いて、団体のために少額でも寄付をしてもらえる機会をつくることも必要でしょう。

5. 「無料」の魔力に注意

　「価格ゼロ」というのは、恐ろしく魅力のあるものだという話もありました。「価格ゼロ」がある市場では、無料が当たり前と考えられるようになってしまう恐ろしさがあるのです。無料が100円になった時の「不愉快さ」は、500円が600円になるときより大きいのです。

　非営利団体は助成金や補助金の事業で、本来なら有償で提供してよいものを無料で提供しがちです。セミナーや書籍等、本来なら有料でも参加・購入する人がいるものを、いったん無料で提供してしまうと、助成終了後に自主事業で適正な価格で提供しようとした時に、「何で金をとるのだ！」と思われてしまうことがあります。

　将来的には収益を得たいと考える事業について、その前に無料で何かを

提供する場合は、助成金の事業だから、あるいは試行段階だから特別である、といった理由を明記しておかないとなりません。

3-5 寄付税制の理解

□ 寄付税制上の優遇措置がある団体になると、寄付者に税制上のメリット
　が提供できる

□ 税制優遇を受ける団体は、高い公益性と、健全な運営体制であるかなど
　一定の基準を満たしており、それ自体が団体の大きな信用につながる

□ 寄付税制についての基礎知識を身に付け、支援者からの問い合わせに答
　えられるようにしておく

> 寄付について一定の条件を満たしている団体は、税制上の優遇措置の対象
> とされています。寄付税制は、寄付をすることで社会貢献したいと考えて
> いる人や法人を後押しするものです。優遇措置の対象団体になることと、
> 寄付者に対して説明ができるようになっておくことが求められます。

　例えば、大きな地震など災害があった際に、人気歌手が「次の CD から
の収入のすべて被災地支援団体に寄付します！」と決めたとします。その
場合、この歌手の所得には寄付を予定している CD からの収入が含まれま
す。もし、寄付についての優遇措置がなければ、この歌手は寄付に加えて、
寄付した CD からの収入に対する所得税も払うことになります。CD がヒ
ットしたら、たくさんの寄付ができますが、同時に所得税が大きな負担に
なってしまいます。このような寄付者の負担を軽減するために寄付につい
て、税制上の優遇措置が定められています。

　寄付税制上の優遇措置は、具体的には下記の３つの柱からなります。

　１．個人が寄付をした場合の税制上の優遇措置
　２．法人が寄付をした場合の税制上の優遇措置
　３．相続人が相続により取得した財産を寄付した場合の優遇措置

1. 個人が寄付をした場合の税制上の優遇措置

　個人が、国や地方公共団体、公益社団法人、公益財団法人、社会福祉法人、認定NPO法人等の寄付税制優遇措置の対象となっている団体に寄付をした場合に、確定申告することで寄付金控除を受けることができます。つまり、寄付した金額に応じて、課せられる税額から一定金額が差し引かれるということです。

　寄付金控除の対象となる金額は、「寄付をした金額－2000円」です（ただし、総所得金額等の40％が上限）。

　この寄付金控除は、従来は、所得控除の方式しか認められませんでしたが、2011（平成23）年に寄付税制の改正があり、例えば、認定ＮＰＯ法人や一定の証明を得た公益法人への寄付者の所得税については、所得控除と税額控除のどちらか有利な方式で税の軽減が受けられるようになりました。

　一般に、所得控除は、高額所得者で税率の高い人に有利とされています。しかし、税額控除では、税率に関係なく所得税額から直接控除されるため、既存の所得控除と比較して、ほとんどの人は寄付に対して減税額が大きくなります。2つの方式は下表の通りです。

所得控除	（寄付金額（※）－2000円）を所得金額から控除する ただし、控除税額の上限は所得税額の25％
税額控除	（寄付金額（※）－2000円）×40％を所得税額から控除する

（※）総所得金額等の40％が上限。ただし、国や、東日本大震災に関連する寄付で財務大臣が指定した「震災関連寄付金」は80％が上限。

　例えば、年収500万円の人が5万円の寄付をしたとします。所得控除ですと、課税対象所得から（5万円－2000円＝4万8000円）が差し引かれます。年収500万円から、寄付金控除以外の各種控除額も引かれて、その結果、課税対象所得に対する所得税率が10％になったとしたら、寄付については、4万8000円×10％の4800円が減税されることになります。

それが税額控除ですと、（5万円 − 2000円）× 40％ = 1万9200円が減されることになります。所得控除の場合の4800円に比べて、税額控除の方が「お得」になります。

年収500万円世帯が認定NPO法人に寄付をした場合の減税額を試算してみます。

	5万円を寄付	10万円を寄付
所得控除	4800円	9800円
税額控除	1万9200円	3万9200円

税額控除の導入が待ち望まれていたわけがよく分かります。さらに、住んでいる自治体によっては、住民税からも寄付金額の最大10％の控除を受けることができます。そうなると、寄付をした金額の半分が「戻ってくる」ということになります。

2. 法人が寄付をした場合の税制上の優遇措置

法人税を計算する際に、経費となる金額を「損金」といいます。

寄付金については、他の経費とは違い、支払った寄付金のうち、「損金算入限度額」の範囲でしか損金にはできません。この損金算入限度額は、資本金などの金額（資本金 + 資本積立金額）と所得金額をもとに計算されます。

そして、法人が、国や地方公共団体、公益社団法人、公益財団法人、社会福祉法人、認定NPO法人等の寄付税制優遇措置の対象となっている団体に寄付をした場合には、一般寄付金の損金算入限度額（一般枠）に加えて、別枠で損金に算入することができる特別損金算入限度額（特別枠）が設定されます。

この場合の「法人」というのは、株式会社などの営利法人だけではなく、NPO法人などの非営利法人にも適用されます。次ページの表は、計算式と試算表です。

企業への寄付依頼の際などに、寄付税制優遇措置の対象となっている認

定NPO法人や公益法人が優利なのは、厳しい要件をクリアしていることへの信頼性に加えて、このような損金算入の「特別枠」で税制の後押しがあるためです。

計算式

	資本金等がある法人（株式会社など）	資本金等がない法人（NPO法人など）
一般枠	（資本金等×0.25％＋所得金額×2.5％）÷4	所得金額×1.25％
特別枠	（資本金等×0.375％＋所得金額×6.25％）÷2	所得金額×6.25％

試算表

	株式会社：資本金2000万円・所得金額1000万円	NPO法人：所得金額500万円
一般枠	（2000万円×0.25％＋1000万円×2.5％）÷4＝7万5000円	500万円×1.25％＝6万2500円
特別枠	（2000万円×0.375％＋1000万円×6.25％）÷2＝35万円	500万円×6.25％＝31万2500円
合計	42万5000円	37万5000円

　なお、国や自治体への「国等に対する寄付金」は全額損金算入できます。震災時の義援金など財務大臣が指定したものも同じく全額損金算入できます。

3. 相続人が相続により取得した財産を寄付した場合の優遇措置

　相続や遺贈により財産を取得した相続人が、その財産を寄付する場合に、原則的にはその金額も相続税の課税対象となります。

　ただし、その寄付先が国や地方公共団体、公益社団法人、公益財団法人、社会福祉法人、認定NPO法人等の寄付税制優遇措置の対象となっている場合に、相続税の申告期限（10カ月以内）までに寄付を行えば、その寄付をした分が相続税の課税の対象から除外されます。

　「税制優遇があるから、寄付する」という人は少ないかもしれません。それでも、寄付税制について理解して、それを自団体のウェブサイト等できちんと解説することは、税制優遇を受けている団体の義務です。分かりやすい計算式や試算表を提示して、根拠法や詳細な説明については、国税庁や所轄庁のウェブサイトに詳しく解説されていますから、リンクを貼って紹介しましょう。

寄付

4

(4-1) 寄付者ジャーニーという考え方

☐ 寄付集めは、潜在的寄付者を見極めることから始まる

☐ 潜在的寄付者が最初の寄付をするまでを「ジャーニー（旅）」とみなして可視化したのが「寄付者ジャーニーマップ」

☐ 寄付者ジャーニーマップの各過程で、団体から適切な働きかけを行うことが重要

> 万国共通のファンドレイジングのセオリーとして、「寄付者ジャーニーマップ」という考え方があります。これは、団体の寄付者が、最初の寄付に至るまでの心理と行動の流れを時系列的に可視化したものです。このマップに沿って適切な場所やタイミングで働きかけを行うことが、戦略的な寄付集めに求められます。

1. 寄付者ジャーニーマップのつくり方

1）ペルソナの設定

　寄付者ジャーニーマップを作るには、まず「ペルソナ＝ターゲットとする寄付者像」を設定します。ペルソナは、ターゲットとなる寄付者層を分析して「特定の一人の人物像」に見立てるものです。この架空の人物を潜在的寄付者として、その人が最初の寄付に至るまでの過程を分析していきます。では、その手順について考えてみます。

① 既存の寄付者の分析

　既存の寄付者については、住所やメールアドレスといった連絡先情報以外にも、その人の属性（性別、年齢、職業など）が分かっている場合があります。また、寄付者像を明確にするため支援者を対象にアンケートを行ってもいいでしょう。それらをもとに、寄付者との接点の多いスタッフの意見など取り入れながら、既存の支援者にどのような人が多い

のか洗い出します。

② 潜在的寄付者の想定

　既存の寄付者を参考にして、潜在的な寄付者を考えます。ターゲットとするペルソナは一人とは限りません。その場合は優先順位をつけてください。

　支援者拡大のためには、「今と同じような人を増やす」ことがいいのか、「可能性のある新しい層に働きかけるのか」も検討しないとなりません。

③ ペルソナを決定

　寄付者イメージを具体化するために、名前、性別、年齢、職業、住所、家族構成、趣味などの架空のプロフィールを設定します。団体内でのイメージの共有のために「それらしき人の写真」なども入れ、ライフスタイルや価値観なども記載して仕上げるのもいいでしょう。

２）フェーズの設定

　寄付に至るまでのプロセスと言い換えてもいいでしょう。このプロセスには、MITAS（1-2 共感を支援につなげる「MITAS（ミタス＝満たす）」の法則）を用いて、感動→関心→信頼→寄付（行動）→シェアとしてください。なお、ペルソナの寄付に向かっていく能動的なイメージを表すために、「感動」については「共感」として、「関心」については「情報収集」という表現にしてもいいでしょう。さらに、支援者拡大のためには、寄付をゴールにして終わらせるのではなく、さらに一歩進んで、団体について人に伝えるところを目指すのがMITASの考え方です。

３）フェーズごとの接点（媒体）を考える

　ペルソナが各フェーズで、何を通じて団体との接点を持ったかを考えます。

４）フェーズごとのペルソナの行動を考える

　そして、ペルソナが団体との接点の中でどのような行動をとるかを

フェーズごとに洗い出します。

5）フェーズごとのペルソナの思考を列挙

ペルソナの行動を洗い出したら、その行動の背景にある気持ちや考えを洗い出します。

6）課題の洗い出し

ペルソナの行動や思考が明らかになると、そのフェーズからスムーズに次のフェーズに進むことの妨げになっている問題点が明らかになっていきます。

7）課題を解決するための施策を立てる

各フェーズの課題を解決する施策を考え、ペルソナがゴール（＝寄付してシェアする）にたどり着くために団体としてするべきことを考えます。

8）マップ作成

横軸には時系列に、感動（共感）、関心（情報収集）、信頼、寄付、シェアといったフェーズを並べ、縦軸には接点、行動、思考、課題、施策を並べて完成させます。

2. 寄付者ジャーニーマップをつくることの3つの意義

1）寄付者志向の団体としての共通認識が形成されること

寄付者の立場から団体を見ることによって、寄付者志向のファンドレイジング体質が強化されます。

2）効果的な支援者コミュニケーションの実践

ペルソナの設定によって、潜在的寄付者がより明確となって、対象を絞った効果的な支援者コミュニケーションができるようになります。

3) 合理的な支援者コミュニケーションの実践

　寄付者ジャーニーマップに沿って、支援者が何を考えているのか、どのような情報や対応を求めているのかといった仮説を検証しながら、合理的な支援者コミュニケーションができます。

　ここに、子どもの貧困問題に取り組む地域の子ども食堂にマンスリー寄付をする人のドナージャーニーマップを例として挙げます（架空の団体です）。

支援メニュー	マンスリー寄付会員（月額1000円）
ペルソナ（抜粋）	60歳 女性 専業主婦 北海道出身 短大卒 練馬区在住 夫と二人暮らし 一人娘の長女は結婚して大阪在住 3歳の孫がいる 持ち家もあり、夫は退職後も再雇用されて経済的に余裕がある 週1回テニス教室に参加 コミュニティカレッジの講座に月1、2回参加 3歳の孫とのスカイプ、テニスやコミカレ仲間とのランチが楽しみ

フェーズ	共感	情報収集	信頼	寄付	シェア
接点	テレビ	インターネット	インターネット 知り合いに聞いてみる	団体サイト	外出先 SNS
行動	子どもの貧困特集番組を見て。子ども食堂というものを知った	自分の地域に同様の活動があるかをネットで調べて団体を発見	子ども食堂のある商店街の人に評判を聞いた ネットで団体の会計報告をチェック	マンスリー寄付会員になる	友達に話す フェイスブックに投稿
思考	今どきの日本にまさか子どもの貧困問題があるとは！…かわいそう…うちの孫は幸せ…	自分の地域にも貧しい子どもがいるとは…いい活動している人がいるなあ…頑張っているな…どんな人たちなんだろう	知っていた人が結構いる…最近できた団体だけどこれから発展するかなあ…ボランティアがたくさんいて偉いなあ	ボランティアはしたくないけど何かしてあげたいな…ひと月1000円なら負担もない…よくなかったらすぐやめられるし…	私だって社会の課題に関心あるってことも言いたい…いい活動だから寄付する人が増えたらいい…団体のサポーターなんですもの…
課題	自団体の活動が地域の人に知られていない	地域に根差した活動なのに「顔」が見えにくい	2年前に始めた活動なので実績が乏しい	一般的な寄付のページが「基本」でマンスリーにたどり着きにくい	団体フェイスブックページがほとんど活用されていない 書き込みやタグづけに対応してない
施策	団体代表がコミュニティカレッジやPTAの講演会などに登壇できるように地域のネットワークに働きかける	団体サイトで、理事やスタッフ、ボランティアの紹介ページをつくる	今後の3年計画を分かりやすく公開 地域のインフルエンサーを訪問して団体を知ってもらう	寄付メニューを一覧化して、選びやすくする 同時に、継続率の高いマンスリーへの導線を太くする	フェイスブックの活用

4-2 寄付者ピラミッドという考え方

☐ 団体の寄付者をその支援度（寄付額）で分類するのが「寄付者ピラミッド」

☐ 寄付者の支援度アップのために、寄付者ピラミッドを登るルート（働きかけ）を用意することが必要

> 寄付集めのセオリーに「寄付者ピラミッド」という考え方があります。寄付者ジャーニーを経て、寄付者となってくれた人は、団体のよき理解者ですから、繰り返し寄付をする確率が高いと考えられます。同時に、繰り返し寄付をしてくれる人たちの1回の寄付額を引き上げられたら、寄付総額の増大が見込まれます。こうした寄付者の支援度を高めていくための関係性の構築の基本となるのが「寄付者ピラミッド」という考え方です。

1. 寄付者ピラミッドについて

ここに基本的な「寄付者ピラミッド」の構造を表します。この図は、地下1階、地上5階の階層を持つ、標準的なピラミッド（四角すい）を

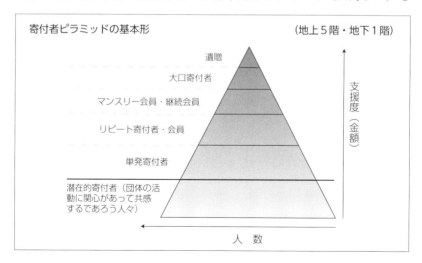

寄付者ピラミッドの基本形　　　　　　　　　（地上5階・地下1階）

遺贈

大口寄付者

マンスリー会員・継続会員

リピート寄付者・会員

単発寄付者

潜在的寄付者（団体の活動に関心があって共感するであろう人々）

支援度（金額）

人　数

横から見たイメージです。上に行くほど支援度、すなわち寄付金額が上がります。

　実物のピラミッドもそうですが、地面に現れていない部分、地下１階の土台に当たるところがあります。太線の下の潜在的寄付者のいる階層です。この人たちは寄付者ジャーニーの途上にいる人たちと言えます。
　地上１階には、最初の寄付をした人がいます。そして、２階部分が繰り返し寄付をしてくれた人、あるいは継続的な支援を念頭に置いて会員となるために会費を払ってくれた人たち。３階部分は、自動引き落としで毎月定額を寄付してくれるマンスリー会員と、継続的に年会費を払ってくれる人たち。そして、４階が大口の寄付者。最上階が、人生最後の社会貢献の対象として、団体に対して自分の遺産を寄付しようという「遺贈」となります。
　この基本型を参考にして、自分たちの団体のピラミッドを作ってみてください。その際に、階層ごとに働きかけを考えていくので、10階建てのようにすると働きかけが煩雑になりすぎます。５・６階建てくらいがいいかと思います。
　また、設立間もない団体などでは、実際は、一度寄付してくれた人と新規会員しかいない場合もあるでしょう。それでも、頂点に遺贈を置いて、将来的に目指すピラミッド構造を描いてください。

2. 寄付者ピラミッドの例
　例えば、最近、子どもの貧困が社会的な問題になってきて、各地に子どもたちに無料で食事を提供する「子ども食堂」が生まれています。寄付で成り立つ地域の子ども食堂の寄付者ピラミッドなら、こんな感じになるでしょう。

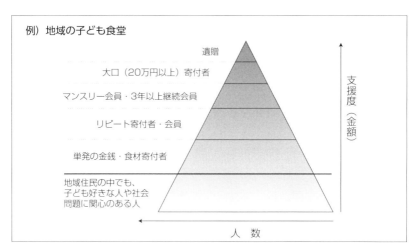

例）地域の子ども食堂

遺贈

大口（20万円以上）寄付者

マンスリー会員・3年以上継続会員

リピート寄付者・会員

単発の金銭・食材寄付者

地域住民の中でも、
子ども好きな人や社会
問題に関心のある人

支援度（金額）

人　数

　ここで大口寄付をいくらからとみなすかは、団体の規模によって変わりますが、米国のファンドレイザーの集まりでは、大口寄付について、「通常の寄付の100倍」という意見が出ていました。この子ども食堂の通常の寄付が1口2000円だとすると、その100倍の20万円になります。

3. ピラミッドを登るルートをつくる

　寄付者ジャーニーを経て、1度目の寄付をしてもらって寄付者ピラミッドの1階部分にたどり着いてもらい、その後、繰り返し寄付をしてもらって、あたかもピラミッドを登っていくように支援度を上げてもらうには、何が必要でしょう。それは、観光地のピラミッドを登るための階段やスロープと同じような「ルート」です。

　先の寄付者ピラミッドの基本形を上から見てみます。外側から内側に向かっていく矢印が、登るためのルートです。

　地下1階地上5階の標準的な寄付者ピラミッドの「登るためのルートについての一般的な考え方は下記の通りです。

①　見つけてもらう

②　とにかくお願い

③　継続的な関係を構築

④　支援者の地位を確立

⑤ 遺贈について知ってもらう

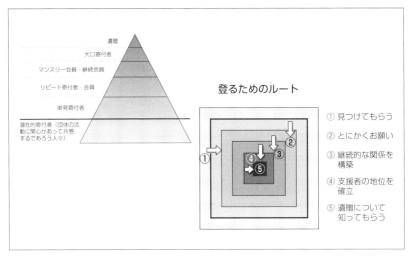

では、具体的に各ルートでどのような働きかけをしていけばいいのかを、先に例示した地域の子ども食堂のケースで考えてみます。

4. どんなルートが考えられるか

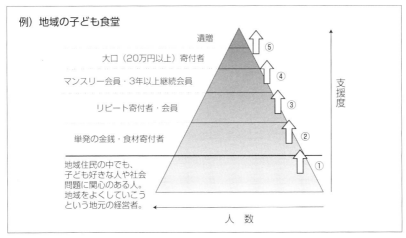

①の矢印は寄付者ジャーニーの第一歩で、それは団体を見つけてもらうことから始まります。子どもの貧困に関するデータを団体サイトに掲載し

て、経済格差に関心のある人たちに見つけてもらうといったオンライン上の情報発信によって「見つけてもらう」ことができるでしょう。さらに、地域のイベントに参加して団体の活動を説明する、あるいは、商店街に募金箱を置いて団体の存在を知ってもらう、といったこともできるでしょう。

　次に、一度寄付をしてくれた人に、また寄付をしてもらうには、②のルート、とにかくお願いすることが必要です。単発的な寄付者や食材の提供者に対して、感謝のメッセージとともに、入会案内を郵送するといったことで、とにかくお願いをするのがこのルートです。

　そして、③の矢印は、2度目の寄付をしてくれた、あるいは、継続的支援を念頭に置いて新しく会員となってくれた人に対して、さらに繰り返しの寄付や長年にわたる会員となってもらうためのルートです。そのルートでは、活動報告会に招待する、機関紙・活動レポート送付する、年末寄付キャンペーンで寄付を年中行事化する、会員にはきちんと会員継続依頼を送る、といった継続的な関係性を構築するための働きかけが必要です。

　そして、その人たちが大口の寄付をしてくれるようになるには、④のルートを用意しないとなりません。そこでは、支援者の地位を確立して、支援者自身に「自分がこの団体を支えている」と自覚してもらい、「もっと応援したい」「もっと応援せねば」と思ってもらうことが必要になります。子ども食堂なら、子どもとのクリスマス会への招待や貢献度に応じた感謝状の贈呈といった特別感のある支援者対応ができるでしょう。

　そして、最後の⑤の矢印で示した遺贈へのルート。遺贈についての認知度が低いと思われますので、ここではまず、遺贈とは何か、どうすればできるのかを説明し、団体として遺贈を受け入れていることを伝えなければなりません。そのためには、遺贈関連のパンフレットを会報に同封したり、遺贈の方法を団体サイトに掲載したり、あるいは遺贈によって何か達成できたことなどがあれば、それを会報の記事にしたりして、遺贈の重要性をアピールしてもいいでしょう。

5. ピラミッドから落下しないためにる

　寄付者ピラミッドを登ってもらうのと同じく大事なのが「落下しないこと」です。寄付者との適切なコミュニケーションが落下防止策となります。

　子ども食堂の例だと、下図のピラミッドの右側に書いたような働きかけが考えられます。

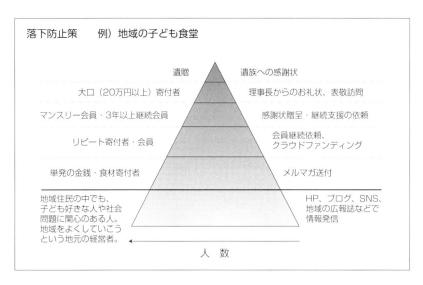

落下防止策　　例）地域の子ども食堂

遺贈　　　遺族への感謝状

大口（20万円以上）寄付者　　　理事長からのお礼状、表敬訪問

マンスリー会員・3年以上継続会員　　　感謝状贈呈・継続支援の依頼

リピート寄付者・会員　　　会員継続依頼、クラウドファンディング

単発の金銭・食材寄付者　　　メルマガ送付

地域住民の中でも、子ども好きな人や社会問題に関心のある人。地域をよくしていこうという地元の経営者。　　　HP、ブログ、SNS、地域の広報誌などで情報発信

人　数

　この中で、遺贈に関する「遺族への感謝状」は、遺贈を考えてくれている本人への直接的な働きかけではありませんが、「遺贈をした人にきちんと敬意が示される」「自分の社会貢献が形として残る」ということを知っていただくためのものです。そういう団体になら遺贈をしてみてもいいかなと思ってもらえます。遺贈については、直接的な働きかけが難しい中で、こうした団体の姿勢を見せることが重要です。

4-3 寄付の目標額を決める方法

ポイント

□ 寄付集めに際しては、「どれだけの金額を何人から集めるか」目標を立てる必要がある

□ 寄付の目標額を決める方法に、ドナーレンジ（＝寄付金額の幅）チャートの作成がある

> 寄付集めで「目標額の設定」と言うと、「とらぬ狸の皮算用」のように思われるかもしれません。でも、組織運営で収支計画を立てないことはあり得ません。収入の中で、どれだけを寄付によって集めるかを考えなくてはなりません。寄付集めにも人件費、ツールの作成費、通信費などのコストがかかります。それらを踏まえて獲得する目標額を定める必要があります。寄付の目標額を、寄付金額の幅（＝ドナーレンジ）で決めていく方法を解説します。

　過去に実績のある団体は、これからの寄付集めについて、「どれくらいの金額を何人から集めたらよいか」という目標を立てるために「ドナーレンジチャート」を使います。前年の寄付収入の内訳を寄付金額の幅（＝ドナーレンジ）で確認して、その数値を活用する方法です。

　例を挙げてみます。次ページの２つの表は、前年度の実績表と、その数値を改訂して今年度の目標を作ったものです。

前年度の実績

金額帯（円）	人数（人）	依頼人数	寄付金額（円）	人数構成比（%）	金額構成比（%）
200,000~	5	10	1,200,000	1.0	21.6
50,000~199,999	18	60	2,000,000	3.6	36.0
20,000~49,999	60	240	1,350,000	12.0	24.3
3,000~19,999	140	700	560,000	28.1	10.1
3,000 未満	275	2,800	450,000	55.2	8.1
小計	498	3,810	5,560,000	≒ 100	≒ 100

今年度の目標（２割増し）

目標単価金額（円）	人数（人）	依頼人数	目標寄付金額計（円）
250,000	6	12	1,500,000
100,000	22	70	2,200,000
20,000	72	290	1,440,000
4,000	170	850	680,000
2,500	330	3,300	825,000
合計	600	4,522	6,645,000

　前年度の全ての価格帯で20％増にしたい場合の目標値を考えます。前年度実績を見ると、20万円以上の寄付をしてくれたのは５人。実際には20万円が３人、30万円が２人で合計120万円でした。これを20％増しにしようと思ったら、平均25万円で６人から寄付してもらうことになります。

　ただ、その場合に、「６人にお願いしたら全員が寄付してくれる！」などとうまくいくことは滅多にありません。前年度は何人にお願いしたのかを確認したら10人に依頼していたことが分かりました。そうすると、最低でも２割アップで12人の対象に働きかけをしないとなりません。

　前年度の寄付を価格帯で分けて、それぞれの「平均単価」と「成功率」を出して、今年度は何円を何人に依頼したらいいのかを割り出します。これを元に、寄付の依頼時に「１口何円」という単価を決めたり、依頼者数と依頼の方法を決めたりしていきます。

　平均で25万円の大口は、目標の６人に対して12人の候補者への依頼が必要だと分かりました。12人なら、理事長や理事が事務局長とともに説明と依頼に訪問することもできるでしょう。

　3000円未満の寄付は金額構成比で見ると10％以下です。こちらは人数も多く、直接会って行う依頼は難しいので、メールでの依頼で、より多くの人に依頼する必要があることもデータからは読み取れます。

　さらに、「ドナーレンジチャート」の人数と金額の構成比を見ると、「パレートの法則」、すなわち「全体の８割の数値は全体を構成する２割の要素が生み出している」という法則が見て取れます。この場合は「２割の寄付者が全体の寄付額の８割を寄付している」という状況です。

　設立間もない団体が寄付集めを始める場合には、過去の実績なしに目標

額を決めなくてはなりません。「何のために、どれくらいの金額を集めたいか」が決まったら、その内訳について、「パレートの法則」を参考にして決めてください。

　また、どのくらいの労力・コストをかけられるのかによって、寄付の依頼方法も決めなくてはなりません。アメリカには「1ドル集めるのにいくらかかったか？」という調査結果があり、寄付集めのコストは平均2割とされています。寄付依頼の手法は、費用対効果も考慮して決めなくてはなりません。コストについて考える際に、「平均2割」という数字は1つの目安になるでしょう。ファンドレイジングのコストについては「1-8 ファンドレイジングコストについて」を参照してください。

4-4 すぐに寄付をしてもらうために

ポイント

□ すぐに寄付をしてもらうために「緊急性」をきちんと伝える
□ すぐに寄付をしてもらうために、寄付募集の期限を設ける
□ すぐに寄付をしてもらうために、すぐに寄付のできる方法を用意する

> 寄付を依頼して、その結果、寄付をしてもいいと思ってもらえたにもかかわらず、「じゃあ、そのうちに」と思われたり、「今日のところは、ちょっと……」と先延ばしにされたりと、寄付しないままになってしまうことがあります。そこで、「すぐに寄付をしてもらう」ための3つのポイントを解説します。

　国内外で大きな災害が起こると短期間にたくさんの寄付が集まります。また、高度な医療を海外で受けるための「○○ちゃんを助ける」といった募金でも短期間に目標額、時にはそれ以上の募金が寄せられたりします。「緊急支援」といった語で表されるように、多くの人が緊急性を感じて寄付をした結果です。

　他方、どの団体が取り組んでいる社会の課題にも「待ったなし」の現実があります。貧困ゆえに教育が受けられないまま育っていく子どもたち、紛争地帯から逃れた難民、破壊されていく自然環境、絶滅の危機にある動物。今、この瞬間にも解決策の実行が求められ、その解決にまい進している団体がたくさんあります。

　1人の人間があらゆる社会の課題の解決に関与して、寄付によって協力することは不可能です。その人が共感するもの、緊急性を感じる優先度には個人差があって当然です。それでも、自団体の取り組む社会の課題の解決が、社会にとって、何よりも受益者にとって「待ったなし」であること、そして、「今、あなたの支援を必要としている」ということを伝えるのは、ファンドレイジングにおいて欠かせないことです。

そこで、「すぐに寄付をしてもらう」ために何をしたらよいのかを３つのポイントで解説します。このポイントを、寄付キャンペーンのサイト作成、依頼状、チラシなどに生かしてください。

1. 緊急性を伝える

1）「待ったなし」の状況をきちんと伝える

災害発生時にテレビ報道等で、「今、起こっていること」を知ることが、「今、すぐに寄付をしないとならない」という気持ちを生じさせます。どれだけの建物が壊れた、今、何人の人たちが避難所生活を送っている、という現状を知ることで緊急性が理解されます。

そこで、自団体が取り組む社会の課題が「待ったなし」の状況であることをきちんと伝えなくてはなりません。それには、現状を表す写真・動画、その状況を表す数値、そして、このまま何もしないとどういう結果になってしまうかを伝える必要があります。「こういう活動を行っています。ご協力お願いします！」と言うだけでは、「そうですか、大変そう……。がんばってね」で終わってしまいます。

2）差し迫った状況にある人の「顔」を示す

「待ったなし」のデータ以上に大事なのは、その課題の中で差し迫った状況にある人の「顔」を示すことです。災害被災地の報道で、皆の心に残るのは、被災された人数、台風のヘクトパスカル値や地震のマグニチュード値ではなく、被災者の姿や、救援・支援活動をする人たちの姿と声です。

「顔」というのは、受益者の顔写真に限りませんが、児童労働を強いられている幼い子どもたち、かつては美しい田園風景を描いていた棚田が今や見る影もなくなっていることを悲しむ年老いた農家の人、殺処分を待つ犬……というような、「今、自分のする寄付が何を救うのか、何を変えられるのか」を具体的なイメージで感じられなければ、「すぐに」という気持ちにはなりにくいでしょう。

2. 期間を区切る

「そのうちに」とか「じゃあ近いうちに」と思いがちな時に、「この寄付キャンペーンは〇月×日までです」といった期限を設けることで、「それなら、すぐに」と思ってもらえます。しかも、目標金額を示して、「あと〇〇円で××が出来るようになります」といったことが可視化されると、その残り少ない機会を逃してはならないという気持ちになってもらえるでしょう。クラウドファンディングで成功している事例を見ると、具体的な目標を掲げて、短期間に寄付を募っているケースが多いのも同様の理由からです。

クラウドファンディングについては、「4-10 クラウドファンディング」で解説します。

3. すぐに寄付できる「方法」を用意する

せっかく、「今すぐに寄付しよう」と思っても、すぐにできる方法がなければ寄付は出来ません。

活動説明の機会となるイベントで参加者に支援を訴えても、寄付の方法が伝えられなければ、わざわざ問い合わせまでして寄付しようと思う人は少ないものです。そのためには、会場に支払いの出来るデスクを用意しておく必要があります。また最近は、カード決済の端末をレンタルして、イベント会場で寄付や会費のクレジットカード決済を行っている団体もあります。「今、すぐにでも」という寄付者の気持ちに応えなくてはなりません。

メルマガ等で寄付キャンペーンを伝えても、関連ウェブサイトへのリンクが文章に紛れて見つからない、ウェブサイトを見ても寄付の手続きのページがどこなのか分からないというのでは、寄付してもらえません。

4-5　「1口」はいくらにしたらいいか

□「いくら寄付したらいいか」迷わないための設定が必要
□「1口」の金額を数種類用意して、寄付者が選択しやすいようにする
□中間を選ぶ性質を寄付金額に選択肢を設ける際に考慮する

> 寄付集めの際に「1口いくら」という設定をすることは、寄付者に寄付額の目安を示すという点で大事なことです。多くの団体が寄付集めに際して「1口いくら」という設定をしています。では、その1口の金額はどう決めたらいいのか考えてみます。

1. いくら寄付したらいいのか分からない

　寄付者の気持ちになってみましょう。「寄付をお願いします！」と頼まれ、「よし、寄付しよう！」と思った人が次に考えるのが「いくら寄付しようか？」ということです。寄付には単価がないので、自由に金額を決めてよいのですが、寄付をすることに慣れていない人は、「一体いくら寄付したらいいのだろう？」と迷います。そういう際に「1口○○円からお願いいたします」とあれば、あまり悩まずに行動に移せるでしょう。

　人は「横並び」とか「相場感」をけっこう日常的に気にします。例えば、結婚のお祝い金などについて「いくら包む？」ということを、職場の同僚や親戚とたずねあったりします。知人に寄付のお願いをされ匿名でない寄付をする際には、同じような気持ちになるのではないでしょうか。そして、金額について迷っているうちに、ついつい後回しにしてしまい、結局、寄付をしない結果になってしまうこともあり得ます。そこで、「1口○○円」という設定が求められます。

2. 1口の金額はいくらにすればよいか

寄付のハードルを下げるには「1口1000円から」でお願いすればいいようにも思われますが、それは適切ではありません。例えば、もし、その団体の事業に強く共感して、しかも経済的に余裕があって、今すぐに10万円寄付してもいいと思った人がいたとします。その人がこの表示を見て「100口」と申し込むのはためらわれるかもしれません。場違いな、見当外れなことしているのではないかと思ってしまうからです。

そこで、いくつかの選択肢を設けることが必要になってきます。「松・竹・梅」ではあからさまなので、ネーミングも工夫してみてください。例えば、「お月さまサポーター（1口3000円）、お星さまサポーター（1口5000円）、お日さまサポーター（1口1万円)」とか、「1口館長（1万円）、1口名誉館長（10万円）」という例を聞いたことがありますが、これなら気持ち良く選択できそうです。

あるいは、一般的な寄付なら、振替用紙やオンライン決済画面上に「1口」ではなく、「1000円、3000円、5000円、1万円、1万円以上（＿＿円）」のような選択肢でチェックボックスを用意して「選択」してもらうのがよいでしょう。

ポイントは、寄付をしようと思った人が「何となくこれくらいなら寄付できるかなあ」と迷いながら考えているところを、「この金額で寄付しよう！」と肯定的に安心して決断してもらえるように、単価を示しつつ選択肢を用意することです。

では、選択肢は多いほどいいのでしょうか？ 実はそうでもありません。ある特定の商品が3種類並んでいるA店と、10種類以上並んでいるB店とでは、A店の方がその売り上げを伸ばし、顧客満足度も高くなるという話を聞いたことがあります。選択肢が多すぎるとかえって決断しづらくなり、不親切に思われてしまうのでしょう。

また、心理学では「極端性回避」という考え方があります。ある特定の商品について、その選択肢がA（1000円）とB（3000円）の2種類しかない場合、それぞれの売り上げが半々になる傾向にあるのですが、そこに

117

C（5000円）を加えて3種類にすると、B（3000円）の売り上げが約6割を占めただけでなく、C（5000円）の売り上げも2割ほどに達するのです。

　こうした「中間のものを選ぶ性質」も寄付金額に選択肢を設ける際に考慮しましょう。

4-6　0円の寄付「クリック募金」

□ クリック募金に登録して、何もせずに寄付金が集まるわけではない

□ クリック募金を開始したら、まずは既存の支援者に協力を依頼する

□ クリック募金は SNS を活用して呼び掛けをする

□ クリック募金でも成果報告とともに感謝を伝える

> クリック募金とは、ウェブ上で「募金する」等のバナーをクリックすることで、クリックした本人の金銭的な負担なしに、スポンサー企業から団体などに寄付される仕組みです。団体にとっても、寄付者にとっても負担が少ないものです。しかし、「登録したら何もしなくても寄付金が集まる」という訳にはいきません。そこで、押さえておくべきポイントを3つ解説します。

1. 既存の支援者に依頼する

　団体のことを全く知らない人がクリックしてくれる可能性は高くありません。まずは、会員、寄付者、ボランティア、メルマガ登録者などの既存の支援者に「クリック募金に協力してください！」と依頼することが大切です。クリックの多い団体はクリック募金のサイトで「上位」として掲載されることもありますので、それを見て、新たに団体のことを知って応援しようと思ってくれる人が出てくることがあります。スタッフも含めて、まずは身内から広げていきましょう。

2. SNS を活用する

　クリック募金はネットを使うものなので、Twitter や Facebook でアピールすることでクリックという行動につながりやすくなります。団体のオフィシャルアカウントにおけるスタッフの投稿に加えて、支援者にシェアやリツイートを依頼することで「拡散」が期待できます。また、それぞれのメッセージに自団体へのクリック募金画面のリンクを貼っておくことで、

簡単にクリック画面に到達してもらえます。

3. 成果を伝える

　「今月はクリックのお陰で○○円が寄せられた」という報告を感謝とともに団体のウェブサイト、ブログ、SNS でこまめに報告することが、応援する気持ちのある人の「毎日の1クリック」につながります。クリック募金のサイトでは、クリックしてくれた人の個人情報が団体には送られてこないので、直接お礼をすることはできませんが、こうした記事を見ることで、感謝の気持ちが伝わり、「やりがい」を感じてもらえるでしょう。

　「0円で寄付ができる」ということで注目されるクリック募金。パソコンだけでなくスマートフォン、タブレットなどからも手軽にクリックできる仕組みとなっています。ファンドレイジングに加えて、団体の活動についての広報の場ともなります。ぜひ、上のようなポイントを押さえながら挑戦してみてください。

4-7 街頭募金

ポイント

□ **街頭募金を行う際には警察への届け出などを怠らないこと**

□ **その場で調べる人もいることから、オンライン上に募金の予定を明記するといい**

街頭募金については、詐欺行為が摘発されたケースもあり、認知度の高くない団体が行う際には、まず信頼性を確保しないと協力が得られません。そこで、街頭募金を行う際の6つの留意点を押さえておいてください。

1. 届け出などを忘れずに

　公道で募金活動を行う場合、警察に対して道路使用許可証の申請が必要です。また、駅構内やショッピングセンターの広場などで行う場合にはその所有者を調べて許可を得なくてはなりません。こうした事前の手続きを怠ってはなりません。また、通行人に尋ねられた場合に備えて、許可証などを携帯しておくことも必要です。

2. 募金の実施主体と目的を明示

　法人格も含めて団体の正式名称と、何のための募金活動かを、離れたところからも見えるように示します。併せて、マイクを持って趣旨などをスピーチして協力を得ることが求められます。

3. チームで行動

　不特定多数の通行者を対象にするので、質問してくる人、場合によっては非難してくる人などにも対応せねばなりません。責任を持って対応できるリーダー格の人、マイクで呼び掛ける人、募金箱を持つ人の最低でも3人体制で立つ必要があります。また、団体の活動を広報する機会でもあるので、団体パンフレットやチラシを手渡すことも有効で、チームを組んで

役割分担しながら実施しましょう。その際、団体ロゴのついたジャンパーやベスト、腕章などを身に着けて、同じ団体のメンバーであることが一目で分かることも必要です。

4. ホームページや SNS でも情報発信

　スマホの時代、街頭募金の場で団体を調べる人もいるはずです。明示した団体名で検索したら、すぐに、「〇月×日、〇〇駅前××広場で街頭募金を行います」と表記されるように団体サイトを整えておきます。また、SNS などでも、「今、街頭募金やっています。ご協力お願いいたします」と写真付きで情報発信することで、信頼性が担保されます。なお、支援者には、メルマガなどで事前に告知しておきます。それによって、街頭募金の場所に来て募金をしてくれることも期待されますが、それ以上に、街頭募金までしてがんばっているという点が評価され、また寄付しようという気持ちになってもらえるでしょう。

5. 募金の管理を適切に

　街頭募金が終了したら、募金場所をきれいに片付けて撤収作業を行い、募金箱を適切な管理のもとに事務所に運び、複数人が立ち会って集計して、お金を金庫に保管する、あるいは銀行に預けるといった工程をルールにのっとって行います。募金箱を盗まれる、奪われるといった可能性もあります。撤収から移動、集計と保管まで、チームで気を抜かずに行動してください。

6. 募金活動の結果を報告

　集計したら、すぐにホームページや SNS で「おかげさまで〇〇円が集まりました。ありがとうございました」と、短くてもいいので速報すると募金の管理がしっかり行われていることが示せます。募金活動を週末の土日2日間で連続して行う場合には、こうした速報値が翌日の協力にもつながるでしょう。そして、最終金額や使い道についての丁寧な説明をできるだけ早くホームページなどで行い、後日、そのお金が使われた後にも、街

頭募金で集めたお金をこの目的に使ったという報告をします。通常の寄付に比べたら少額かもしれませんが、こうした誠実な対応が街頭募金以外の支援者拡大にもつながります。

4-8 募金箱

□ **募金箱は採算性が低くても広告効果が期待できる**
□ **盗難防止など管理方法をルール化してウェブなどで公開しておくといい**

> お店のレジなどで募金箱を見かけます。企業が社会貢献活動として自社の店舗に設置しているもの以外にも、地域の非営利団体が地域の商店などに依頼して設置しているものもあります。非営利団体が募金箱によって、不特定多数から匿名の、かつ少額の寄付を募る場合、その効果や留意点を踏まえて設置のお願いをしなければなりません。

1. 広告効果を狙う

　募金箱には広告塔の役割があります。たとえ集まる金額は小さくとも、店頭などで買い物客が日常的に団体のロゴや名称を目にすることによる広報効果が期待できます。そのためには、団体の活動をアピールするデザインを考えないとなりません。

　盲導犬の普及に取り組む団体の犬型の募金箱、お城の木造天守閣再建のための木材で作った募金箱などは、採算性より広告効果を重視したものだと考えられます。これほどの特注品を用意するのは無理でも、団体の名称やロゴ、活動を表すイラストを印刷した厚紙の折りたたみ式募金箱や、既製品の募金箱に目を引くデザインのラッピングをするなど、団体を知ってもらい、かつ「これならレジの横においてもいい」と思ってもらえるようなデザインの募金箱を用意します。なお、関心を持った人がすぐに調べられるように、団体ホームページのQRコードも示しておくといいでしょう。

2. 信頼性

　たとえ小銭であっても、募金されたお金を紛失したり、誰かに持ち去られたりしてはなりません。また、そういう懸念をもたれたら、募金どころ

か、店舗も設置協力してくれないでしょう。まずは、鍵をつける、封印する、設置箇所と鎖などでつなぐ仕様にするなどで防犯対策をします。

さらに信頼性を高めるために、募金箱の設置についてのマニュアルや集計方法、管理方法等について、設置に協力してくれるところに伝えるだけでなく、ウェブ等で公開しておく必要があります。また、お客さんからの質問に答えられるようなQ&Aの用意や、求めに応じて手渡せるチラシなども用意しておかないとなりません。

また、「どこに募金箱が設置されているか」「いくら寄付が集まったか」の情報も定期的に団体のホームページで情報公開する必要があります。

3. 採算性

釣り銭や通りがかりの人からの「小銭」が主な寄付金となる募金箱の採算性を考えると、相当数の設置場所を確保しないとなりません。さらに、小銭をたくさん集めるには、多くの人の目に留まり、しかも小銭がやりとりされるレジ脇等に設置してもらうよう依頼せねばなりません。

仮に1日10人の人が10円募金してくれても、月に3000円しか集まりません。それでも、もし30カ所に設置できたとしたら毎月9万円になります。100カ所に置かれたら30万円になります。募金箱はいかにたくさんの設置場所を得られるかが最大の課題です。さらに、募金の回収方法や小銭の入金手数料等によっては採算が取れないことも考えられます。

昨今のキャッシュレス化で、釣り銭や小銭を持たない人が増えていく中で、募金箱は廃れていくのかもしれません。それでも、設置協力してくれた企業や商店主は、募金箱の設置を通して団体とつながり、その後、別の形での支援に発展する可能性もあります。募金箱については、その広告効果、採算性、支援者拡大のツールといった特性を踏まえて、団体のファンドレイジングの全体戦略の中で考える必要があります。

4-9 新しいカタチの物品寄付

━━━━━━━━━━━ ポイント ━━━━━━━━━━━

□ 物品寄付の中でも、買い取り業者が介在する新しいカタチの物品寄付が
注目されている
□ 新しいカタチの物品寄付は、地域の関連企業の協力によって推進が図れる

子ども食堂が地域の人たちから食材を集めたり、書き損じはがきを集めた
り、あるいはチャリテーバザーの品を集めたりなど、非営利団体はさまざ
まな形で物品寄付を募っています。また昨今、買い取り業者の物品寄付の
プラットフォームを通じて寄付ができる仕組みが登場して、新しいカタチ
の物品寄付として活用されています。

1. 物品寄付の4つの種類

まず、物品寄付を4つに分類してみます。

1）活動に使うもの

まず、活動現場で使うもの。たとえば、子ども食堂で使うお米や野菜を
地域の商店が寄付する、あるいは事務所で使うパソコンやプリンターを企
業が寄付するといったものです。IT企業がソフトウエアを、非営利団体
に対して無料、あるいは特別に安い価格で提供するというのもここに分類
していいでしょう。ただ、使えないもの、使いきれない分量のものが送ら
れてくるといけないので、送ってくれる人とのコミュニケーションが欠か
せません。団体によっては、ホームページで「欲しい物リスト」を公開し
て、物品寄付を募っているところもあります。

2）換金できるもの

物品寄付2つ目のタイプは、いわゆる「換金性のある」ものを支援者に
寄付してもらうものです。商品券などは金券ショップで買い取ってもらえ

ますし、書き損じの官製はがきは郵便局でわずかな手数料で新しい切手やはがきに交換してもらえます。それを金券ショップで売ることもできますし、事務局が郵便を送る際に使うこともできます。メールの時代でも、年賀状の文化は残っていて、書き損じ、あるいは使わなかった年賀状を年明けに企業や個人から集めている団体も多いようです。

　ただ、換金性のあるものは、盗難に気をつけるなど保管に注意が必要です。また、書き損じはがきには、書き損じているとはいえ、住所、氏名などの個人情報が記載されていることもあり、やはり保管する際に注意が必要です。

　保管のための金庫や鍵付きのキャビネット、そして換金の記録をきちんと付けておかなければなりません。

3）イベントのため

　バザーやチャリティーオークションといった資金調達を目的としたイベントのために寄付してもらうのも一般的です。

　また、イベント会場で参加者に配るもの、飲み物やボールペンなどを企業からまとめて寄付してもうのも、ここに分類できます。

4）物品寄付のプラットフォームの活用

　これが、新しいカタチの物品寄付です。着物や宝飾品、書画骨董、ブランド品、楽器など中古市場で取引できるものについて、買い取り業者に査定してもらって、その査定額を指定する団体に寄付できるという仕組みです。買い取りから寄付までの流れは下記のようになります。

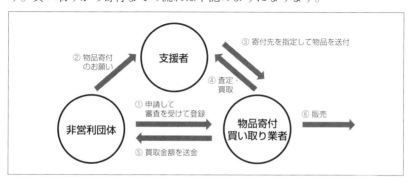

現在、多くの非営利団体が活用しているのは下記の３つのプラットフォームです。

チャリボン
古本を買い取ってもらって、それを指定した団体に寄付ができる仕組み
https://www.charibon.jp/

お宝エイド
家庭に眠る「お宝」を買い取ってもらって、それを指定した団体に寄付できる仕組み
https://otakara-aid.com

カイトリ
家庭に眠る「お宝」を買い取ってもらって、それを指定した団体に寄付できる仕組み
https://kaitori-kifu.net/

2. 新しいカタチの物品寄付を成功させる３つのポイント

この新しいカタチの物品寄付を成功させるには、下記の３つのポイントを押さえておく必要があります。

１）　まずは既存の寄付者・会員に集中的に告知
まずは、既存の寄付者に対して集中的に告知しましょう。すでに、お金での寄付をしてくれている人たちで、今は金銭寄付をしたくない、できない、という人たちでも、お金以外の方法で支援できる機会があると知れば、積極的に協力してくれるでしょう。

２）丁寧な説明
このタイプの物品寄付については丁寧な説明が欠かせません。自分のものを売る、という経験のない人も多いでしょう。また、どんなものを買い

取ってもらえるのかも分からなかったりします。そこで、買い取りまでの流れや、こうしたものが対象となりますという具体的な例を示す必要があります。ちなみに、物品寄付のプラットフォームの中には、無料で団体専用のチラシを作ってくれるといったサービスを行っている会社もあります。ぜひ、活用しましょう。

3）関連企業との連携

ものを始末するというのは、人生の節目節目で行われます。そこで、引っ越し業者、住宅建築業者、結婚式場、葬儀社など、人生の節目に関わる企業と連携するとよいでしょう。地域のこうした関連企業に出向いて、物品寄付を呼び掛けるチラシなどを顧客に渡してもらえるように協力をお願いしてはどうでしょう。

実際、多くの葬儀社は遺族に対して遺品の整理、買い取りを行う業者を紹介しています。亡くなった方の最後の社会貢献として、新しいカタチの物品寄付への協力を依頼しましょう。

4-10 クラウドファンディング

■■■■■■■■ ポイント ■■■■■■■■

- □ クラウドファンディングを成功させるには、プロジェクトに合ったプラットフォームを選ぶ
- □ クラウドファンディングを成功させるには、事前に団体の支援者に告知してスタートダッシュをかける
- □ クラウドファンディングを成功させるには SNS を活用する
- □ クラウドファンディングを行うと団体のウェブサイトへのアクセスが増えるので、団体ウェブサイトの整備をしておく
- □ クラウドファンディングを次の支援につなげるためには、終了後のコミュニケーションが大切

> クラウドファンディングへの関心が高まり、団体でも活用する団体が増え、成功事例もたくさん生まれています。しかし、クラウドファンディングはファンドレイジングの「魔法のつえ」ではありません。目的に合ったサイトを見つけ、そして成功させるための5つのポイントを解説します。

1. クラウドファンディングとは

　クラウドファンディング（Crowdfunding）とは、群衆（crowd）と資金調達（funding）を組み合わせた造語で、不特定多数の人から通常インターネット経由で資金を調達することを意味します。クラウドファンディングは、大きく分けて「購入型」「寄付型」「金融型」の3つに分類されます。さらに金融型を「株式型」「融資型」「投資型」に分けて5種類とする考えもあります。

　なお、日本では「金融型」は2014年に金融商品取引法が改正されたことで規制緩和され、今後の普及が期待されていますが、ここで取り上げる団体にとってのクラウドファンディングは「寄付型」と「購入型」です。

　非営利団体のクラウドファンディングは、共感による支援が基本になっ

ていることから、「購入型」といっても、リターン（資金提供の見返りに受け取るもの）の経済的な価値は重視されず、「感謝の手紙」「報告会へのご招待」といったもので成り立つ場合が多々あります。

　また、一般的なクラウドファンディングにおいては、目標金額に達成しないと資金は受け取れないという「all or nothing」形式が原則ですが、団体による社会的課題の解決に関するプロジェクトでは、目標金額を達成しなくても集まった支援金を受け取ることができるという設定も少なくありません。もちろん、目標金額を超えた場合は、その分も受け取ることができます。

2. クラウドファンディングのプラットフォーム

　まず。現在、非営利団体が活用している代表的なクラウドファンディングのプラットフォームを6つ挙げます。

1）READYFOR

　2011年3月に日本初のクラウドファンディングサイトとしてオープン。ミッションは、「誰もがやりたいことを実現できる社会へ」。国内最大手とされ、累計2万件以上のプロジェクトに対して200億円を超える支援を達成。社会貢献系に強く、遺贈寄付サポートなども行っています。

2）CAMPFIRE

　「CAMPFIREがあなたのアイデアに火をつける！」をコピーにして始まったサイト。「新しいモノを生み出す人」をクリエイターとし、アート、ゲーム、ファッション、ビジネスから社会貢献まで多岐に渡るプロジェクトに取り組んでいます。

3）Motion Gallery

　映画・音楽・出版というクリエイティブ系に強く、多くの映画製作の資金調達をサポート。2013年には映画「ハーブ＆ドロシー　ふたりからの贈りもの」プロジェクトで当時日本最高額（約1500万円）のクラウドファ

ンディング記録を樹立しています。

4）MAKUAKE

株式会社サイバーエージェントのグループ会社が運営していることから、Amebaブログをはじめとした、同社のさまざまなコンテンツを使った情報発信と、「Makuakeアナリティクス」で支援者分析が行えるなどの技術力が強み。

5）FAAVO

地域活性化に特化して地域別のプラットフォームを提供しているのが特徴。

6）Kibidango

小規模事業者の新製品の開発プロジェクトに強く、成功率8割を誇っています。

3. クラウドファンディングの基本的な流れ

ここでは、クラウドファンディングを行う際の基本的な手順を説明します。

1）企画する

クラウドファンディングは、寄付キャンペーンの1つの手法です。「キャンペーン」は、一定の目的を示して社会に働きかけるものです。成否の第一歩は企画です。クラウドファンディングにおいても、まずは目的を明確にして、それをどう「キャンペーン」に仕立てていくのか企画します。その際に検討するポイントは下記の5点です。

①**目的**：何のための資金を集めるのか。
②**目標額**：いくら必要か。
③**募集期間**：いつから、何日間（何カ月間）で集めるか。

④**リターン**：資金提供してくれた人への「お返し」。通常、寄付額によっていくつかのメニューを用意します。

⑤ **all or nothing か all in か**：

「all or nothing ＝期間内に金額が目標額に達成しない場合に０円とみなされて、資金提供者に支援額が払い戻される形式」にするのか、「all in ＝達成しなくても集まった金額を受け取れる形式」にするのかを決めます。資金が集まらないということは社会の共感が得られない企画だったと考えてあきらめるのか、一部でも受け取って足りない分を団体が負担してでも実行するのかによって決めます。

例えば、アジアの途上国で教育支援をしている団体のプロジェクトを想定してみます。

①**目的**：活動地域の３カ所でＪリーガー（旅費自己負担のボランティア）がサッカー教室を開いて、各地域10校に10個ずつ、合計300個のサッカーボールを贈る。

②**目標額**：400万円

ボール１個4000円×300個で120万円。スタッフ３人渡航費120万円。宿泊費60万円。現地の移動費に30万円。リターン費用50万円。運営費20万円。

ただし、目標以上の金額が集まった場合には、ボール贈呈先を増やしたり、現地での当団体の他の事業に使ったりすることとする。

③**募集期間**：「寄付月間」の12月に開始して、１月末までの２カ月間

④**リターン**：5000円＝協力選手のサイン（印刷）入り感謝状　１万円＝協力選手の自筆サイン入り感謝状（定員100人）　５万円＝自筆サイン入り感謝状＋協力選手サイン（印刷）入りＴシャツ（定員100人：Ｔシャツは団体のフェアトレード製品を利用）

⑤ **all or nothing でやる**

２）プラットフォームを選んで企画を送る

クラウドファンディングのそれぞれに特色があります。それぞれのサイ

トを見て、どのようなプロジェクトを得意としているのかを確認し、企画に応じてプラットフォームを決めます。また、手数料やガイドラインもプラットフォームごとに設定されているので、その確認もしましょう。

なお、この段階では「大まかな企画」で十分としているプラットフォームが多いのですが、十分に練り上げられた企画だと、企画が通りやすいだけでなく、実施に向けて担当者からの団体の意向に沿った適切なアドバイスが受けられます。企画内容は、あらかじめきちんとまとめておきましょう。

3）実施の決定

プラットフォームの審査で企画が通れば、プラットフォームから「担当者」がついて実施に向けた準備が始まります。

4）クラウドファンディングのページ作成

募集ページに掲載する文章、写真などを用意します。どのような写真、文章が共感を集めるかなど、プラットフォームの担当者のアドバイスを受けながら用意します。この時点で企画の内容が妥当かどうかも再検討して決定します。

5）キャンペーンの実施

準備が整い、実施日が決まったら、実施前から既存の支援者に「事前告知」して、協力依頼をします。あとは、いかに協力者を集めて目標金額に向けて協力者を得ていくかとなります。次項「4．クラウドファンディングを成功させる5つのポイント」を参考にして、目標金額以上の金額が集まるようにがんばりましょう。

6）終了

期限日にキャンペーンが終了します。プラットフォームごとに手数料が決められています。その手数料と決済手数料が引かれた金額が団体に送金されます。

7）資金提供者にリターンを送付

感謝の言葉とともに、約束通りのリターンを送付します。

4. クラウドファンディングを成功させる5つのポイント

1）プロジェクトに合ったプラットフォームを選ぶ

先に確認した通り、クラウドファンディングのプラットフォームは複数あり、それぞれのサイトを見ると、どのようなプロジェクトを得意としているのかが分かります。運営会社に申し込みをして審査が通ると、担当者がついて成功のためのアドバイスをしてくれます。運営会社の多くは成功した際の手数料を運営資金としていますから真剣に対応してくれますし、専用のマニュアル等も提供してくれます。だからこそ、プロジェクトに合ったプラットフォームを選び、担当者とともに二人三脚で進めていくことが重要なのです。

また、似たようなプロジェクトを応援した人が、サイト上で「こっちもいいな」と思って応援してくれる可能性もあります。その点でも、どのプラットフォームを選ぶかは大事なポイントです。

2）事前にファンを増やしておく

いくら「不特定多数から寄付を集める」といっても、自団体のことを全く知らない人がそうそう資金提供してくれるというものではありません。クラウドファンディングをするには、まずは一定数の支援者層、いわばファンがいないと効果的な働きかけはできません。団体の会員や寄付者でなくても、例えば、メルマガ登録者やFacebookページに「いいね！」をしてくれた人も立派なファンです。団体と接点のある人を増やして、その人たちに団体のファンになってもらっていることが、次項に挙げる「スタートダッシュ」のために重要です。

3）スタートダッシュに注力する

クラウドファンディングを実施すると決めたら、開始前に既存の支持者、ファンの人たちに告知をして、開始時にいっせいに資金提供をしてもらえ

るように応援を依頼しておく必要があります。クラウドファンディングの
サイトでは、達成率を可視化していますので、一定の支援が集まると、そ
れが呼び水となって、そこから初めて団体のことを知る人の支援につなげ
ることができます。行列のできているラーメン店に思わず並んでしまうの
と同じ原理です。「人知れず、おもむろに開始する」というのでは遅いの
です。

4）SNS を活用する

　これも先に触れた通り、ネット上の資金調達ですので、当然ながらオン
ライン上のコミュニケーションとの親和性が高いと言えます。そこで、
Twitter や Facebook などの SNS による呼び掛けがとても重要になります。
Facebook では、あらかじめ団体の Facebook ページを用意して「いいね！」
を集めることでファン層の拡大に努め、加えてクラウドファンディングの
プロジェクトとしての Facebook ページを開設して、動画や写真を掲載す
ることで情報提供と共感の獲得を目指しましょう。

　また Twitter では、実況中継的に達成状況などをこまめにツイートして、
ハッシュタグやリツイートによる拡散を図るといいでしょう。

　同時に、自団体のウェブサイトもきちんと整備しておかないとなりませ
ん。これまで接点のなかった人がクラウドファンディングのページから団
体のウェブサイトを訪問することが増えるからです。

　団体の信頼性を伝えるためには事業報告・会計報告だけではなく、分か
りやすくこれまでの実績をアピールしておきましょう。また、代表やスタ
ッフの思い、支援者、受益者の声なども画像や動画とともに掲載しておく
と共感につながります。

　団体のサイト内にクラウドファンディングのサイトへ誘導するアイコン
等を設置することも忘れてはなりません。

5）終了後のコミュニケーションで関係性の維持を図る

　クラウドファンディングが成功してもしなくても、支援してくれた人た
ちとの関係性は、ここをスタートとして深めていくことが大切です。

　まずはできるだけ早く感謝を伝えましょう。事前に約束したリターン（資金提供の見返り）があるならば、それを約束通りに実行しなければいけません。それ以外にも、事業の進捗報告など関係性の維持に努めることが大切です。そのことが、次に別のチャレンジをする時にも応援してもらえる、あるいは寄付や会員になるといったよりレベルアップした形での支援者になってもらえるという道筋になります。

　クラウドファンディングは、文字通り「群衆（クラウド）」の目にさらされながら進められるファンドレイジングです。周到な準備と考え抜いた方法で成功させれば、そのこと自体が団体の経験と自信に、そして対外的な信頼性の向上につながるものです。ぜひ、この新しい資金調達の手段にチャレンジしてみてください。

(4-11) 大口寄付

□ 積極的に大口寄付を獲得するためには、理事から事務局スタッフまで組織一丸となって取り組む
□ 大口寄付においても支援者ピラミッドのステップアップ戦略が有効
□ ステップアップ戦略以外にも、富裕層とつながる接点を探して、そこからアプローチをしていく方法がある

> 大口寄付を集めるには、それなりの準備と働きかけが必要です。「たまたま」ではなく、団体として積極的に大口寄付を獲得するため必要な準備と方法を解説します。

1. 大口寄付は何円からか

　大口寄付は何円からを意味するのか？ 地域で草の根的な活動を行っている小規模な団体と、国際的に活動を行っている大規模な団体では、「大口」の意味は異なります。一般的には、最も多くの金額が寄せられている寄付メニューの単価のおおよそ100倍を意味すると言われています。「1口3000円」の寄付募集で3000円寄付する人が最もたくさんいたとしたら、その100倍の30万円以上を意味します。

　あるいは、寄付にも当てはまると言われている、経済学のパレートの法則「全体の数値の大部分（8割）は、全体を構成するうちの一部（2割）の要素が生み出している」という考え方から、上位2割の人たちの平均寄付単価を「大口寄付」と見なすこともできます。ただし、現状の寄付集めの枠を超えて、施設建設などの大きな挑戦のための寄付集めをする際には、「どのような金額を何人から集める必要があるか」という計画において、「大口寄付」というカテゴリーを、過去の実績ではなく目標金額から設定することが必要になります。

2. 大口寄付に取り組むための３つの準備

１）毎年の寄付収入の内訳を寄付金額の幅（＝ドナーレンジ）で記録しておく

自団体にとっての「大口」とはどのくらいなのか、もし既存の寄付者から大口寄付を募るならば、どのような人たちにどの金額で依頼したらよいか、計画的に大口寄付に取り組むには過去のデータが役に立ちます。

２）情報収集

地域の経済状況、地域で経済的に余裕のある人たちはどこに住んでいるのか、何を求めているのか、こうした情報は、新聞や富裕層を対象とした雑誌、ネットで入手可能です。入場料が高めに設定された他団体のチャリティーイベントに行って、どういう人たちが集まっているのか、どんな雰囲気なのか実際に見てくるのもよいでしょう。

３）団体内の合意形成

大口寄付は必ずしも富裕層からだけのものではありませんが、経済的な余裕という点で富裕層から受ける可能性は大です。ここで、「金持ちにろくな人はいない」とか、「金持ちは社会の敵だ」というような偏見を持ったスタッフがいたとしたら、寄付者との良好な関係は築けません。また、何のために大口寄付を集めるのか、その目的の共有も欠かせません。大口寄付を募るには、スタッフには、通常の寄付集め以上に、個別の問い合わせへの対応、丁寧なお礼や報告といった手間が求められます。社会的な立場のある理事に、大口寄付の可能性のある人を紹介してもらう、依頼の際に足を運んでもらうことで大口寄付が実現することもあるでしょう。理事自身が大口寄付者になる場合もあります。そこで、「何のために大口寄付を集めるのか」ということについて合意の形成が必要になります。理事会と事務局が大口寄付について「がんばろう」と気持ちを合わせておかなくては成功しないでしょう。

3. 大口寄付をしてもらうには

大口寄付をしてもらうためには3つの方法があります。

1）これまでの大口寄付者に繰り返し依頼する

過去の大口寄付者は、団体を熱心に応援してくれていて、しかも経済的な余裕のある人だと推測できるので、大口の寄付の第一の対象となります。ただ、過去の大口寄付者は、通常寄付者とは別格な立場の人たちなので、「よろしくお願いします」と依頼状を送るだけでは、「一度、大口寄付をすると、たくさん寄付するのが当たり前だと思われている」と寄付者に不快感を与えてしまいます。成功率の高い対象だけに、この人たちには、直接訪問して説明した上で依頼する必要があります。

また、大口寄付者には、他の会員や寄付者とは別に、感謝を表すパーティなどを催すのも一案です。特別感とともに、他の大口寄付者との仲間意識が醸成されていくと、次に大口寄付を依頼されたときに、「頼まれて当然」という気になり、自然に「寄付するのが当然」という気持ちを抱いてもらえるようになります。

2）「寄付者ピラミッド」の下の段階の人たちに
ステップアップしてもらう

「4-2　寄付者ピラミッドという考え方」で見た通り、繰り返し寄付をしてくれている人、会員として長年継続的に団体を応援してくれている人たち、すなわち「大口寄付」の1つ前の段階にいる人たちへの依頼は効果的です。すでに団体への十分な理解もあり、信頼関係もあることから、「次の段階」に踏み出してもらえる可能性が高いからです。

ただ、ここで気を付けないといけないのは、「一度にまとまった金額は出せないけれども、自分のペースでずっと団体を応援していこう」と考えて支援を続けてきた支援者に「もっと出して」というアプローチをしたら、それは長年の貢献を否定することになりかねませんし、支援をやめてしまう結果を招いてしまうかもしれないことです。そこで、これまでの貢献に

十分に感謝している旨を伝えつつ、丁寧な表現で依頼する必要があります。特別な寄付キャンペーンに対する大口の寄付ならば、一般に寄付を募る前に、先行して「ご支援くださっている方へのお願い」をするのも一案です。寄付募集であっても、「普通の人より先に知らされた」と、これまでの貢献を認められていることを実感することは、寄付者に満足感を与え、「それならば」という前向きな気持ちになることが期待できます。

3）富裕層を探す

具体的には、地域では、下記のようなところに大口寄付の可能性のある富裕層がいると考えられます。

①地域のイベントの協賛、あるいはプログラムへの広告掲載企業
②地域の美術館やオーケストラなどのサポーター
③他団体のウェブサイトやパンフレットで紹介されている支援者
④地域の商工団体
⑤地域の経営者が集うロータリークラブ、ライオンズクラブ

①のようなイベントでは、開催案内のウェブサイトに協賛一覧が掲載されています。②のような文化施設は、展覧会やコンサートのプログラムにサポーター名が掲載されていることがあります。③はその団体のウェブサイトや、市民センターなどで配布されているパンフレットから探します。④や⑤はウェブ上で「名簿」が公開されている場合も少なくありません。まずはそうしたところから情報収集を行ってリストを作成しましょう。

リストを作成したら、理事や既存の大口寄付者の協力も得ながら、リストに挙げた人たちを個人的に紹介してもらえる接点を探して面会につなげます。上記のような団体のイベントに参加して、そこで名刺交換する中で個人的に知り合うという方法もあります。

「お金持ちが住んでいそうな大きな家を見つけて、ベルを鳴らして大口寄付を依頼する」というのは現実的ではありません。何らかの接点を探して、そこからアプローチをしていく必要があります。

(4-12) 遺贈寄付

ポイント

☐ 遺贈受け入れについて団体内で合意形成しておくことで、それぞれの立場で遺贈検討者に適切な対応ができる

☐ 遺贈を受け入れるために、基礎的な知識を持ち、遺贈のプロセス全体に対応できる担当者を決めておく

☐ 遺贈には税理士や弁護士などの専門家との連携が必要

☐ 遺贈に関する案内パンフレットを用意して、受け入れを表明することで、支援者に具体的に遺贈を検討してもらえる

少子高齢化、生涯未婚率が高まる中で、遺贈寄付の可能性が高まっています。遺言書やエンディングノートで、自分の財産の全部、あるいは一部を人生最後の社会貢献として非営利団体に寄付したいと考える人が増えると予測されるからです。専門知識が求められる遺贈寄付の受け入を6つのステップで進めてください。

STEP 1　団体内の合意形成

団体内で遺贈も視野に入れた支援者との平素からのコミュニケーションをしておくとよいでしょう。支援者から「私も最後には遺贈をしたい」という言葉が出た時に、不用意に「まだ早いですよ」といった軽い受け答えだけで終わらせてしまっては、せっかくの善意を遮断してしまいます。

遺贈を検討する中で、団体のトップと直接会って意思を伝えたい、あるいは、将来の活動の見通しについて話を聞きたいと思う人もいます。スタッフからトップまでが遺贈の受け入れについて、それぞれの立場できちんと関わっていくという合意が重要です。

STEP 2　遺贈についての担当者を決める

遺贈について検討し、団体に問い合わせてくる人の多くは、遺言の書き

方、相続に関する法律や税金のことも知りたいと考えています。時には間違った知識で遺贈を考えていることもあります。疑問にきちんと答えられるスタッフがいることで信頼を得て、実際の遺贈に向けた一歩も踏み出してもらえます。また、老後の問題、家族の問題、死についてなど、遺贈に関する相談は「人生相談」の様相を呈することもあるので、ある程度の人生経験のある人が対応した方がよいでしょう。そして、遺贈という大きな決断に至るまでには相談が何度も続きますので、相談のたびに異なるスタッフが対応していては信頼関係が築けません。さらに、遺贈を受けた場合、きちんと遺族への対応もしなくてはなりません。そこで、遺贈のプロセス全体に対応できる担当者を決めておく必要があります。

STEP 3　遺贈に関する基本的知識を持つ

　遺贈の担当者には、遺贈に関する基本的な法律、税制の知識が求められます。また、相談対応だけでなく、実際に遺贈を受ける際の手続きもしなくてはなりません。担当者が決まったら、関連図書を通じて、あるいは各種セミナーなどに参加して知識を得るように努めなくてはなりません。

　ここでは、最低限知っておきたい基本的なキーワードを 3 つ挙げます。

1）遺留分

　遺言に「全財産を〇〇へ遺贈します」と書かれていても、法定相続人には法律で保障された一定の取り分があります。遺留分を侵害された法定相続人から請求があった場合、侵害している遺留分の額の財産を遺留分権利者に返還すればよいのですが、時には遺留分の財産の価額について訴訟になるケースも出てきます。

2）包括遺贈

　包括遺贈は、財産を特定せずに、遺産の全部またはその一部分を一括して与える遺贈のことです。そのため、借金や連帯保証債務があれば、それも引き継ぐことになります。遺贈を放棄することで解決しますが、その場合は遺贈を知った日から 3 カ月以内に家庭裁判所に相続放棄の申述をしな

いとなりません。

3）特定遺贈

「金2000万円を○○に遺贈します」というように、財産を特定して遺贈することです。この場合、包括遺贈の場合と違って借金を承継することはありません。

認定NPO法人の場合、特定非営利活動にかかる事業費に充てた額が受入寄付金総額の7割以上である「7割要件」、公益法人では公益目的事業収入がその実施に要する費用を超えないとする「収支相償の要件」がありますが、大きな金額の遺贈を受けて要件を満たせなくなる場合でも、適切な会計処理で解決できます。このような受け入れ後の知識も欠かせません。

STEP 4 専門家との連携を図る

遺贈について、ウェブサイトで説明をしたり、パンフレットを作ったりする際、その作成過程で弁護士や税理士のアドバイスを受けることで正しい情報提供ができます。

また、相談してきた人が遺言を書く際に、遺言執行者の指定に当たって専門家の紹介を希望されることもあります。

なお、実際の遺贈の受け入れに際しては、故人の家族や弁護士などの遺言執行者から連絡があって、指定した口座に現金が振り込まれるといったケースが多く、そうしたケースでは、弁護士や税理士のサポートは不要です。その一方で、難しい問題が生じる場合もあります。法定相続人がいる場合の遺留分、包括遺贈の場合の債務、不動産や株式等の遺贈を受ける場合のみなし譲渡課税など、これらへの対処には、弁護士や税理士などの専門家の力を借りる必要が出てきます。

そこで、団体として平素から地域の弁護士や税理士などの専門家と連携しておくことが望まれます。最近は、士業の人たちが非営利団体を支援するネットワークを作って、全国各地で活動しています。懇意な専門家がいない場合には、このようなネットワークに紹介してもらいましょう。

1）ＮＰＯ会計税務専門家ネットワーク

https://npoatpro.org/org/index.html

ＮＰＯ 会計税務専門家ネットワークは、非営利団体を支援しようとする全国の会計税務の専門家のネットワークです。加盟している公認会計士、税理士などの検索もできます。

2）ＮＰＯのための弁護士ネットワーク　https://npolawnet.com

ＮＰＯ 法人・社団法人・財団法人等の非営利団体を対象にした無料法律相談を各地で開催しています。契約書の内容、会員資格、屋外イベントにおけるリスク管理、スタッフ・ボランティアとの労働問題、商標使用の問題等、さまざまな相談が受けられます。

STEP 5　遺贈についての案内パンフレットを作る

遺贈についての知識を持っている人は多くありません。自分の死後に資産の一部あるいはすべてを寄付してもいいと考えていても、知識がないことから実行に至らない人たちがいると考えられます。そこで、基本的な知識を簡単にまとめたパンフレットを用意して、団体のホームページでダウンロードできるようにしたり、問い合わせに応じて送付したり、相談の際に説明資料にしたりするとよいでしょう。

また、パンフレットを作ることで内部の遺贈に関する知見が共有され、作成過程に協力してもらうことで担当者が決まり、専門性が深まることが期待できます。パンフレットに記載しておきたい内容は下記の通りです。

1）団体のミッション

遺贈のお金が、何に使われ、どのように社会に貢献できるのかは、遺贈者が最も知りたいことです。

2）遺贈手続きの流れ

遺言書の作成方法や、必要な手続きなどを簡単にまとめて示します。

3）遺言書に記載すべき正しい法人名

団体には似たような名称の団体があったり、大きな組織の地域における活動団体が複数あったりする場合があります。そこで、遺贈先としての正式名称を改めて明記します。

4）遺言書を書くに当たっての基礎知識

STEP 3で示した基礎知識は、遺言作成時に考慮してもらいたい点です。基礎知識とともに、団体として、法定相続人がいる場合に遺留分を侵害しないようにしてほしい、可能なら財産を特定してほしいことなどの希望を明記しておくとよいでしょう。現金以外の、例えば不動産を受けたくない場合なども、そのことを明記しておくとよいでしょう。

また、遺贈を確実に実現するには、法的に有効な遺言書を書いてもらう必要があることを明記します。遺言には「公正証書遺言」と「自筆証書遺言」がありますが、紛失や偽造のおそれがなく、死後の検認手続きが不要な「公正証書遺言」を用意するようお願いしてもよいでしょう。

5）遺贈の金額

遺贈寄付というと、全財産などといった多額な金額をイメージされる方が多いのですが、金額の多寡は自由だということを明記します。

6）守秘義務

問い合わせへの回答や相談に当たっては、プライバシーに配慮して守秘義務を守るということを明確にしておきます。

STEP 6　遺贈を受け付けていることを表明する

ここまでのステップで準備が整ったら、「遺贈を受け付けている」ことをウェブサイトや団体パンフレット、機関誌などで表明します。団体から個人に対して積極的にアプローチするのが難しいテーマだけに、関心を持ってくれた人が「問い合わせ」をする方法と担当者名も明記しておきましょう。

　遺贈は人生最後の、最大の寄付と位置付けることができます。多くの場合、遺贈は団体との長年の関係の最後に到達するものです。遺贈寄付についても平素の丁寧な支援者コミュニケーションが欠かせません。

(4-13) 寄付を依頼する手紙の書き方

□ メールの時代だからこそ、郵送（手紙）による寄付依頼の訴求性は高い
□ 寄付の依頼文には「あなたへ」というメッセージを込め、単なるダイレクトメールではないと思ってもらう
□ 寄付の依頼状には、「寄付の依頼」だということを明確に書く
□ 依頼状には、寄付金の使い道、目標金額、募集期間、寄付の方法を記す
□ 封筒にも工夫が必要

> 少額の寄付や通年で受け付けている一般寄付では、メールマガジンなどにオンライン決済ページの URL を貼り付けて「ご協力お願いします！」と依頼することが有効です。しかし、電子メールが主なコミュニケーション手段になっている昨今だからこそ、特定の目的について一定規模の寄付を募る場合には手紙が有効です。寄付依頼の手紙を書く際の９つのポイントを解説します。

郵送された手紙には、「わざわざ、郵便で私に宛てて送られてきた」という訴求力が備わっています。一筆添えることもできますし、また依頼状以外にも、関連するチラシやパンフレットも同封できます。そして手元に保存してもらえ、繰り返し手に取ってもらうこともできます。

他方、ほぼ無料で大量に送信できるメールと違って、印刷、封入、発送、そして郵便代など手間と費用のかかるのが手紙ですから、受け取った人に高い確率で寄付をしてもらえるような工夫が求められます。

そこで、寄付を依頼する手紙の書き方の効果的なポイントを挙げます。

1. 「あなたへ」の気持ちを表す

郵送された手紙を開封して、「各位」から始まる事務的な文面だったら、私信ではなく不特定多数に大量に送られたものだという印象を持たれてし

まい訴求力が下がります。

　そこで、宛名の部分に必ず相手の名前を入れましょう。エクセルなどの表計算ソフトで作成した名簿リストを、文書作成ソフトのワードを使って「差し込み印刷」機能で手紙と宛名のラベル作成をすれば、手紙とラベルの順番は同じになります。それほど手間がかかる面倒なものではありません。ただ、封入時に「名前を取り違えていないか」の確認は必須です。

　一方、同時に多くの人たちに郵送物で寄付を募ることもあるでしょう。その場合に手紙の宛名を個人名にするのは無理ですが、「各位」ではなく、「○○を応援くださっている皆様へ」という書き方をするだけでもずいぶんと印象は異なってきます。

　また、手紙の良さを醸し出すには、季節の挨拶も欠かせません。古風な感じもしますが、単なる事務的な文書ではない印象になります。

2. 感謝の言葉から始める

　お願いごとでも、冒頭に感謝の念を表すことが大切です。会員への手紙なら、「会員としてのご支援に心から感謝しております。ありがとうございます」というように書きましょう。また、過去の特定のプログラムに対する寄付者への手紙なら、「○○に対するご寄付は、○○のために大切に使わせていただきました。ありがとうございました」と書くとずいぶんと印象が変わってきます。たとえ一度も金銭的な寄付をしていない相手でも、何らかの接点があって住所という個人情報を得た人なのですから、「平素より弊団体の活動に関心をお寄せくださり、ありがとうございます」程度のお礼なら不自然ではありません。

　誰しも「ありがとう」と言われて悪い気はしません。むしろ「感謝されたら、また何かしてあげたくなる」というのが人情です。お願いの前に、感謝の言葉を入れましょう。

3. 寄付の依頼だということを明確に表す

　文章に「ご支援ください」とだけ書かれていて、よく見たら振込用紙が同封されていたという寄付の依頼書を見たことがあります。ある意味奥ゆ

かしいのですが、それでは、何を求められているのかが分かりません。寄付をお願いしたいのですから、「ご寄付ください」というメッセージをきちんと入れなくてはなりません。一番よいのは、手紙に「○○についてのご寄付のお願い」とタイトルをつけておくことです。

　また、「ご寄付ください」と頼まれても、「いくら寄付をしたらいいか」と悩んでしまい、そのまま寄付しない結果となることも考えられます。そこで、「1口○円」と明記し、支援内容で寄付金額の選択ができることを明記する必要があります（「4-5「1口」はいくらにしたらいいか」参照）。

4. 寄付金の使い道を明らかにする

　寄付によって何が実現するのか、それを明確に書きましょう。「寄付をする際に重視すること」という問いへの回答で、半数以上の人が「使途が明らかで、有効に使ってもらえること」の項目を選択したという調査結果もあります。何のために使うのかをはっきり書き、関連する活動で挙げた実績を一緒に伝えたいものです。手紙の文章が長くては読む気になれませんから、手紙とは別に、写真付きで活動を紹介して寄付を募るチラシを同封してもいいでしょう。

5. 目標金額を書く

　使途を明確にした上で、活動のために、どれくらいの金額が必要なのかを明記することも大切です。施設建設などの総額を示せるものは総額を、途上国の教育支援なら何円で何人の子どもが1年間学校に行けるかといった具体的な数字があると、そこに自分の寄付が生かされていくことが実感できます。また、追加の寄付募集なら、すでにその目的のために集めたこれまでの寄付金額を示すことで、団体の透明性への信頼感と、目標達成への貢献意欲が生まれます。

6. 募集期間を区切る

　募集期間が明らかでないと、いずれ寄付すればいいという気持ちになって、そのうちに忘れられてしまうことにもなりかねません。使途と目標金

額と募集期間は３点セットで考えましょう。

7. 寄付の方法を伝える

　振込先金融機関口座を明記します。銀行口座を記載している寄付の依頼状も多いのですが、おすすめなのは、郵便振替です。振替口座番号を印字した「赤色（振替手数料は団体負担）」の払込取扱票を同封します。その理由は、銀行振り込みの場合、振込人についての情報が名前だけで通知されてくるので、領収書の送付先や寄付メニューの選択についての情報が得られないからです。その点、郵便だと、払込取扱票には住所・氏名・電話番号の記載欄があり、さらに「通信欄」を使って希望する寄付メニューに〇を付けてもらうこともできます。

8. 確定申告で寄付控除ができる場合は、その旨を付記する

　寄付控除の情報は、寄付者へ伝えるべき大事な情報であると同時に、たとえ、その寄付については活用されなくても、将来、大口寄付や遺贈などを考えてもらう際の判断基準にもなるので必ず付記してください。

9. 封筒にも工夫を

　宛名の名前と住所が手書きで記載してあると、「自分だけに送られた私信」のように見えて効果的ですが、さすがにそこまでの手間はかけられませんから、印刷した宛名ラベルを貼るというのが一般的でしょう。その場合でも、団体名や住所を印刷した差出人の欄に事務局長のサインを入れるといったことで、「特別感」を表すことは可能です。さらに、封書の切手を「記念切手」にすることで、目を引いて手に取ってもらいやすくなる可能性もあります。

　最近は透明なフィルム封筒を使う団体も増えていますが、寄付の依頼に関しては、中身が見えない通常の封筒が良いと思います。自宅に寄付の依頼の手紙だと分かるものが郵送されてきて、本人以外の家族が「うちには、こんなところに寄付するお金なんてないわよ」というようなことも起こるからです。

サンプル：

ぐんぐん文庫を応援してくださっている
徳永 洋子 様

2023年4月1日
認定NPO法人　ぐんぐん文庫
代表理事　時事 花子

仮設住宅の子どもたちのための図書館へのご寄付のお願い

拝啓　春風の心地よい季節となり、徳永様におかれましてはご健勝のこととお慶び申し上げます。

　平素より、「ぐんぐん文庫」の活動に関心をお寄せくださいまして、ありがとうございます。おかげさまで「ぐんぐん文庫」は、幸山県内7か所で、各地域のボランティアの協力のもとに、毎週土曜日に子どもたちと本を読んで話し合う「よみきく会」を定期開催しており、活動開始から3年で500人を超える「ぐんぐんの仲間（子ども会員）」に週末のプログラムを提供し、子どもの読書習慣を支える活動を続けております。

　さて、当会では、幸山大震災で被災して同県福川地区の仮設住宅で生活する子どもたちを訪問して「よみきく会」を行っておりますが、このたび、現地に小さな図書館を開設して、不慣れな土地の仮設住宅で生活する子どもたちに落ち着いた環境で本を読んでもらいたいと準備を始めました。おかげさまで福川地区の住民の方から空家のご提供もいただき、一部改修と内装工事によって開設の見通しとなりました。

　つきましては、活動の趣旨をご理解の上、工事費用へのご寄付をいただきたく、お願い申し上げる次第です。どうぞ、震災で家を失った子どもたちの笑顔のために、ご協力をお願いいたします。

敬具

記

1．目標金額：350万円
2．募集期間：2023年4月1日から2023年7月末日
3．ご寄付の種類
　「図書館サポーター」1口5000円から
　「本箱サポーター」1口2万円
　「1口図書館長」1口5万円（ご許可を得た上で、お名前を入り口に掲げさせていただきます）
4．ご寄付の方法：同封の払込票でお振り込みください。なお、クレジットカードによるオンラインでのご寄付も受け付けております。当会のホームページからお願いいたします。
　「ぐんぐん文庫」http:www…
5．入金を確認いたしましたら「領収書」を郵送いたします。当会は認定ＮＰＯ法人ですので、確定申告していただければ、税法上の優遇措置（寄付金控除）を受けることができます。

以上

4-14 お礼状の書き方

ポイント

□ お礼は早ければ早いほどよい

□ お礼状には、受け取った金額と使い道を明記する

□「あなたへの感謝」を表すには手書きを添える

□ お礼状では次の依頼をしない

□ 確定申告で寄付控除ができる場合は、その旨を「欄外」に付記する

> 「お礼はすればするほど良い」と聞きます。ウェブ上で寄付する際に自動的に寄付受け取りの返信メールが配信されるのとは別に、繰り返し寄付をしてもらうためにも、お礼状は別途送りましょう。寄付に対するお礼は寄付者の関係性の構築のための大切な節目です。感謝の気持ちが伝わるお礼状を書くための7つのポイントを解説します。

1. お礼は早ければ早いほどよい

　寄付をした時の「支援しよう」という気持ちが冷めてくる前に、寄付を受けたら早々にきちんとしたお礼状を届けましょう。では、どのくらいの「早さ」でお礼状が届けばいいのでしょうか？ お祝いや贈り物をいただいたときに出すお礼状は「早ければ早いほどよい。2、3日以内に出すべし」とされていますが、寄付へのお礼もそれと同じです。

2. 受け取った金額を明記する

　お礼状には「受領の確認」の意味もあります。寄付した人は「ちゃんと届いたかな？」という一抹の不安を感じているので、金額をきちんと書くことも必要です。なお、「お礼状と領収書」を同時に送ることができればベストです。しかし、ネットバンキングや郵便振替のウェブ照会であれば入金確認は日々できますが、クレジットカードでのオンライン寄付の場合、領収書をカード会社からの入金を待って発行することになると2、3カ月

後になってしまいます。領収書は後日あらためて送るとして、まずはお礼状を出しましょう。

3. 「あなたへ」の感謝を表す

理事などが個別に寄付を依頼して、その結果、寄付を受けた場合は、それに応じた内容で個別にお礼状を書くのは当然ですが、一般的な寄付であっても、文面に個人名を記載するだけで、「私に感謝してくれている」と感じてもらえます。例えば、「ご寄付によって…」ではなく、「○○様のご寄付によって…」というようにするとよいでしょう。宛名を「ご寄付くださった方へ」などとするのはよくありません。寄付者はデータベースに入力することが一般的なので、先に触れた差し込み印刷機能を使えば大した手間にはなりません。

4. 手書きを一筆添える

印刷物に加えられた「手書き」は気持ちを伝えるときに大きな力を発揮します。プロジェクトへの寄付で、「ありがとうございます。ご期待に添うようがんばります。○○担当××」と書かれてあったら、応援したかいがあると感じてもらえるでしょう。また、文面を完全にパーソナライズするのはあまりにも手間がかかり現実的ではありませんが、欄外に手書きのメッセージを書き加えることで「あなたへのお礼」ができます。

ただ、「本人のふり」は不誠実になるのでやめましょう。団体の年配の男性の代表者の署名付きの手書きメッセージが、アルバイトの学生によって「いまどきの丸文字」で書かれていたり、毎回違った字体だったりしたら、受け取った人はがっかりしてしまいます。

5. 寄付が有効に使われることを明記

この寄付によって、社会の何が変わるのかを簡単でもよいので書くと、寄付者は「社会に貢献できた」という満足感を得られます。

6. 確定申告で寄付控除ができる場合は、その旨を付記する

「4−13 寄付を依頼する手紙の書き方」でも確認しましたが、お礼状でも同じように、寄付控除についての情報は、寄付者へ伝えるべき大事な情報であると同時に、たとえ、その寄付については活用されなくても、将来、大口寄付や遺贈といったことを考えてもらう際の判断基準にもなるので必ず付記してください。

7. 次の依頼をしない

お礼状には絶対に「もっと寄付してください」といったメッセージを入れないようにしましょう。贈り物を受け取った時に、「次はあれが欲しい」と言ったら、気分を害して、その先プレゼントしてくれなくなるのと同じです。次の依頼は改めて別の機会にすべきです。

サンプル：

徳永 洋子様

2023年7月15日
認定NPO法人　ぐんぐん文庫
代表理事　時事 花子

　拝啓　海や山の恋しい季節となりましたが、徳永様におかれましてはご健勝のこと
とお慶び申し上げます。
　このたびは、「ぐんぐん文庫」が計画しております、「仮設住宅の子どもたちのため
の図書館」開設へご寄付いただきまして、心よりお礼申し上げます。
　徳永様から「1口図書館長」としてご寄付頂いた　¥50,000.- は、幸山大震災で
被災して同県福川地区の仮設住宅で生活する子どもたちの図書館となる空き家の改
修工事のために使わせていただきます。また、入り口には「1口図書館長」として
お名前を掲げさせていただきます。
　工事は年内に終了する予定です。子どもたちの笑顔が目に浮かびます。図書館が
完成いたしましたら、あらためて開所式へのご招待状をお送りいたしますので、ご
出席いただけたら幸いです。
　ご支援に、心から感謝申し上げます。ありがとうございました。

敬具

このあたりの余白に、「徳永さまへ　ご協力に感謝しております。ご期
待にそうよう、がんばります。時事花子」というような一筆が肉筆で
添えられていると感謝の念がいっそう伝わります。それが、「次」につ
ながるに違いありません。その際には、縦書きで書く、青色のペンで
書く、などの工夫で、肉筆であることを強調するとよいでしょう。

8月末に「領収書」を郵送いたします。当会は認定ＮＰＯ法人ですので、確定申告
していただければ、税法上の優遇措置（寄付金控除）を受けることができます。

お礼状は「感謝」を伝えることが目的ですので、
こういう事務的な話題は欄外に。

企業からの寄付

□ 企業から支援を得る際には、win-win ではなく、団体、企業、社会（受益者）の「三方よし」を目指す

□ 企業からの寄付は、企業から受けられるさまざまな支援の中の1つの形態

□ 企業からの支援には、「話を聞いてもらう」ことから「ビジネスパートナーになる」までのステップアップ戦略が有効

> 企業からの寄付は、まとまった金額が期待できるだけではなく、寄付を得ていること自体が社会的な信用につながります。また、寄付をきっかけに、協働事業や寄付付き商品の開発などに発展する可能性もあります。企業からの寄付を受ける際の基本的な考え方とステップアップ戦略について解説します。

1. 企業からの寄付についての基本的な考え方

1）win-win ではなく、「三方よし」を目指す

　「団体が企業からの支援を受けるには、単にサポートしてもらうという発想ではなく、win-win（ウィンウィン）の関係を構築しましょう」といった文言を耳にします。win-win とは、もともと経営学で使われた言葉で、取引が行われる際に交渉をしている双方が利益を得られるようにするという意味です。

　団体が企業に支援を求める際に、企業にとっても利益が得られるように配慮するのは大切です。しかし、最も重要なのは活動の本質、「社会の課題解決」に協力してもらうことです。企業活動の中に、団体が目指す社会の課題解決に反するようなことはないか、協働事業を進める際に受益者より会社の利益を優先させるようなことが生じていないか、支援を受ける際には考える必要があります。win-win だけではなく、団体、企業、社会（受益者）の「三方よし」を目指しましょう。

157

2. 企業からの支援は寄付だけではない

　企業からの金銭による寄付は、企業から受けられるさまざまな支援の中の1つの形態です。

　物品寄付、会議室などの施設貸し出し、団体のイベントの地域内での告知協力といった負担の少ない支援から、社員ボランティア、イベント協賛、寄付をする、法人会員になる、といったさまざまな形態があります。商品に団体のロゴなどを付け「売り上げの一部が、こういう目的のために、この団体に寄付されます」と銘打った寄付付き商品の販売などは、消費者への団体の知名度アップや社会的信用につながるものです。

　さらに進んで、海外支援NGOとともに途上国の低所得者層を対象として、現地の貧困問題の改善と利益確保の両立を目指す事業を行うといったBOP（Base of the Economic Pyramid）ビジネスを展開するというレベルもあります。

　寄付だけではなく、企業からの支援には、種類もレベルもさまざまな形態があるので、企業へ支援を求める際には、どういう可能性があるのか、最終的に何を求めるのかを考えておく必要があります。それによって、柔軟に、そして着実に支援を得ていくことが可能になります。

3. 企業からの支援のステップアップ戦略

　企業の規模や団体の規模にかかわらず、最初から「御社にも大きな利益となることだと思います」と大口の寄付を依頼したり、協働事業の提案を切り出したりしても、すぐに受け入れられることはまずありません。

　個人の寄付者との関係性の構築が、イベントへの気軽な参加や少額の寄付から始まって、繰り返しの寄付になり、最終的には大口の寄付や、あるいは遺贈というような大きな支援につながっていくのと同様に、企業からの支援もステップアップしていく発想で高めていきましょう。具体的には、レベル0から3の、4つのレベルでステップアップが図れます。対象になる企業によって、レベル1から3までのどこをゴールにするのかを考えながら関係性を深めていきます。

レベル0：話だけでも聞いてもらう

　対象となる企業の社員と面会することがはじめの一歩です。しかし、これは決して簡単なものではありません。いわゆる「飛び込み」で会ってもらえることはまずありません。そこで、理事や支援者の中でつながりのある人に紹介してもらうことが重要です。あるいはウェブサイトなどで社内組織図を確認して担当者に資料を送り、その後、電話で面会を求めるといった地道な作業も必要でしょう。

　面会できることになったら、初回の面会というのは一般的には30分から1時間程度ですので、団体紹介の資料を持参して10分前後で団体について話せるように準備しましょう。

レベル1：簡単にできる支援のメニューで次につなげる

　何とか面会にこぎつけて、団体の活動を説明しても、寄付や法人会員のメニューなどを伝えると、多くの場合、「素晴らしい活動ですね」と言われながらも、「このご時勢、なかなかご支援できる余裕がなくて」と寄付の依頼はやんわりと断られることが多いと思います。そこで、簡単に取り組めると思われる支援メニューを用意しておいて、その依頼をしてみましょう。

　例えば、サンプル商品や、社内で不要になったキャンペーングッズなどの物品寄付。あるいは、一部の部署だけでもいいので「不要な図書」を集めてもらって団体で換金する。こういうハードルの低そうな支援の依頼を準備しておく必要があります。話を聞いてくれた社員が団体の活動に共感してくれたら、先方から「こういうことならできる」といった提案がもらえるかもしれません。

　大事なのは「今日で終わり」にしないことです。数冊の不要図書であっても、後日取りに行くことで次につながりますし、イベント告知のチラシなら、持参することが次につながります。負担の小さい物品の寄付、チラシ配布やポスター掲示といった社内での告知協力、保有する施設（会議室など）の貸し出しといったことが、いわば「お試し期間」となり、ここから担当者とのお付き合いの中で理解が深まっていくことが期待できます。

レベル2：寄付してもらう

　担当者の共感や理解が深まると、寄付や協賛、法人としての入会などの支援が期待できます。この場合、担当者には、「お試し期間」の軽い支援以上に、きちんとした社内の手続きを行う必要が出てきます。そこで「忙しいので後まわし」とならないためには、社内での手続きにどういう資料が必要かを聞いて、担当者を補佐する必要があります。また、一定の支援が得られるようになったら、さらに幅広い内容での支援を求めましょう。社員のボランティア参加、イベント協賛、団体のセミナーへの登壇依頼など、さまざまな機会を提示して、担当者、さらに他部署にも関係性を広げて、深めていきましょう。

レベル3：ビジネスパートナーになる

　支援が続くうちに、寄付付き商品の開発・販売、社員研修への協力、BOP ビジネス開発といった、支援する側・される側の枠を超えた事業規模と収益につながる、いわばビジネスパートナーとなるレベルに発展させるチャンスも出てきます。

　団体の実績や社会的な認知度が高い場合には、最初からレベル3の提案ができる場合もあるでしょう。あるいは、企業から団体に協働を提案してくることもあるでしょう。他方、小さな団体、新しい団体でも、関係性をレベル0から築いていくことで、徐々にステップアップして、このレベルに至ることも可能になります。

4-16 寄付者離れを感じたら

━━━━━━━━━━━ ポイント ━━━━━━━━━━━

☐ 「寄付者離れ」には、寄付者が団体から離れていくケースと、団体が寄付者から離れていってしまう2つのケースがある

☐ ファンドレイザーは、その兆候を見逃さないように努めて、早い段階で打開策を講じる必要がある

> ファンドレイザーの多くが、寄付者データベースの月次レポートや、定期的な寄付キャンペーンの最新結果から、寄付者数や寄付額が減ってきているのに気づいた経験をしています。また、事務局ミーティングなどで、スタッフの寄付集めに対する関心が薄れている、あるいは寄付者対応が雑になっているのを感じることもあるでしょう。こうした状況を放置すると、既存の寄付者も潜在的な寄付者も失うことになります。「寄付者離れ」の兆候に気づいたら、すぐに打開策を講じるのも、ファンドレイザーの大切な務めです。

1. 寄付者が団体から離れていくのを感じたら

　ファンドレイザーは、常に寄付集めの結果やその動向をチェックしなければなりません。寄付者データベースの月次レポート、最新の寄付キャンペーンと同様の過去の寄付キャンペーンとの比較、会員継続率などを数値的に把握して団体のファンドレイジングが順調に進んでいるのかを確認して事務局内で共有します。

　その過程で、寄付者数や寄付金額の減少の兆候があったら、まずはその原因を考えます。そもそも寄付の呼び掛けを中断していた、ホームページの寄付募集のページがリンク切れになっていたというような原因が分かれば、それを改善すればよいのですが、問題なのは「なんとなく寄付者離れが始まっている」とき。早めに対応せねばなりません。具体的な対応策を3つ挙げます。

1）お礼と報告に注力する

　寄付者に対してのお礼がきちんとできているか、寄付者、会員、ボランティアなど、団体を応援してくれている人たちに、団体の活動について、きちんと報告がなされているのかを確認してみましょう。寄付のお願いばかりを熱心にして、実際に寄付してくれた人たちには通り一遍のお礼しかしていない、お礼はしても、寄付によって何ができたかという報告がないがしろになっている、といったことがあったら、すぐに改善しなくてはなりません。ファンドレイジングには、「お願いとお礼」がセットで重要だと言われています。ついついお願いばかりに注力して、報告を含めたお礼が二の次になってしまうと、「また寄付したい」という気持ちになれず、寄付者離れにつながります。

2）アンケートを実施する

　寄付者離れの原因が分からない時には、支援者を対象にアンケートを実施してもよいかもしれません。あるいは、長年の支援者の方に集まっていただいて、率直な意見を聞いてみる、というのもいいかもしれません。集める側と出す側の気持ちがずれていて、それが寄付者離れにつながっているとしたら、どこがずれているのか、謙虚に支援者の声に耳を傾けてみましょう。

3）物品寄付やボランティアといった金銭寄付以外の支援の機会を提供する

　また、その団体の大きな寄付キャンペーンが一段落した際、あるいは国内に大災害が生じた際に義援金や他の団体へ寄付をした後など、支援者に「寄付疲れ」が生じてしまうことが考えられます。言い換えれば、当面、お金による寄付はできない、したくないといった気持ちになった場合です。その際には、お金による寄付以外の、団体への支援の機会、たとえば物品寄付やボランティアといった機会を提供することで、「お金以外にもできることがある」ことを伝え、協力を募って関係性を維持するのも一策です。

2. 団体が寄付者から離れていくのを感じたら

　背景として、助成金や補助金がたくさん入り、小口の寄付を多くの人た
ちから集めることが効率悪く感じられてしまうようになった、助成金事業
の実施や事業収益を上げることに人手がかかり、寄付集めにまで人手や予
算が回らない、といった組織としての都合があるでしょう。また、たまた
ま支援者からのクレームが続くなどして、支援者とのコミュニケーション
が厄介なことに感じられてしまっている場合もあるでしょう。いずれにせ
よ、理事会、事務局、ファンドレイザーが一丸となって、それぞれの役割
を果たしてこそ成功するファンドレイジングですので、この団体の寄付者
離れは危機的なことです。この場合の具体策を3つ挙げます。

1）理事・スタッフが参加する支援者との交流イベントの開催

　まず、おすすめなのは、理事やスタッフが参加する支援者との交流イベ
ントの開催です。団体を応援してくれる人たちと直接会って話を聞くこと
で、ミッション達成の仲間への感謝を再確認してもらえるでしょう。こう
した顔の見える関係は、団体と支援者との結びつきを強めてくれ、支援者
とのコミュニケーションの大切さを再確認する機会となるはずです。

2）助成金や事業収益の拡大に資するような寄付集めを実施する

　寄付集めの実績を助成金獲得にどう生かすのか、事業収益の拡大にどう
つなげるのかを示して、各種財源間に相乗効果があることを再確認しても
らうことで、助成金偏重、事業収益優先から、寄付の重要性に気づいても
らえればいいと思います。具体的には、助成金申請書に、寄付の実績を記
載して団体の公益性をアピールすることや、いわゆる共感による購入で事
業収益を増やすことなど、寄付者離れをしている団体のメンバーが「なる
ほど」と思ってもらえる事例をつくっていくことが、寄付者離れを防ぐ、
あるいは解消することにつながります。

3）寄付集めの楽しさ・やりがい・喜びを感じてもらえる場面をつくる

　「組織一丸となっての寄付集め」といいながら、データ入力や領収書発行、ダイレクトメールの発送作業といった裏方仕事だけを任され、寄付者の前に出るのは事務局長やファンドレイザーだけという状態では、やる気になってもらえないでしょう。さきほどの交流イベントなどで、「みなさんへの領収書を発行しているのは、この○○です！」と紹介するとか、集会などでデータ管理の担当者に「私たちの個人情報保護のポリシーは」といったテーマで話してもらうのもいいでしょう。

　イベントでなくても、ウェブサイト、SNS、会報などで理事やスタッフを紹介する、記事を書いてもらう、などといった場面をつくることで、自分がファンドレイジングの最前線にいることを自覚してもらって、寄付集めの楽しさ、やりがい、喜びを感じてもらうことが大切です。

第5章

会 員

5

5-1 会員の気持ち

ポイント

☐ **会員は活動への共感に加えて、団体を支援する、いわば団体のファンである**

☐ **会員満足度を上げて継続率を高めるために、会員の気持ちを適切に理解する**

☐ **会員になってもらう選択肢を提供して支援を募る**

> 会員から得られる会費は、寄付に比べて継続性が高いことから、団体の財政基盤を安定させてくれるものです。会員と寄付者の違いはどこにあるのでしょう。そして、入会する人の気持ちは、どのようなものなのでしょう。そこを理解すると、会員拡大のためにするべきことが見えてきます。

1. 会員と寄付者の違い

　日本の非営利団体は、法人格が細分化されているのが特徴です。社団法人、財団法人、特定非営利活動法人（NPO 法人）、社会福祉法人など、それぞれに根拠法があり、それによって設立要件、機関構成、議決権、法人税の扱い、寄付税制、会計基準などが規定されています。

　特定非営利活動法人（NPO 法人）や社団法人では、法令上議決権のある会員制度が求められます。そこで正会員と呼ばれる「社員」は、団体の総会において議案を提出したり、その議決に参加して議決権を行使することができるため、一般の寄付者とはその役割において大きな違いがあります。

　一方、特定非営利活動法人（NPO 法人）や社団法人でも、議決権のない「賛助会員」と呼ばれる人たちや、社会福祉法人や財団法人の「会員」は、繰り返し寄付をする寄付者と同じように見えたりします。実際、毎月、銀行口座からの自動引き落としで寄付をしてくれる「マンスリーサポーター」は「寄付会員」と呼ばれたりもします。

166

　会員と寄付者を分けるものは、会員が団体の「会員規約」によって規定されている人たちだということです。具体的な規定内容は、団体ごとにさまざまですが、一般的に下記のように定められています。

1）会員種別
　議決権のある「正会員」、支援者としての「一般会員」、その他「学生会員」「マンスリーサポーター」など。

2）会員種別ごとの権利
　意思決定機関としての総会での議決権の有無など。

3）会員種別ごとの会費
　会員種別ごとに会費金額が定められ、その納付が義務付けられています。

4）会費滞納への措置
　滞納が一定期間続いた場合に、会員への特典提供の停止、退会処理がなされることなど。

　規約で規定されていることに加えて、寄付者が団体の取り組む活動への共感から寄付をするのに対して、会員は、団体自体を継続的に支援しようとする、いわば団体のファンのような人たちです。
　会費は、金額規定と継続性から、団体の財政基盤を安定させてくれます。従って、ファンドレイジングの観点では、会員の気持ちを理解して会員継続と、新規入会による会費収入の拡大を図ることが求められます。
　しかしながら、「支援しよう」という気持ちを示した人に対して、「会員になってください」だけを訴えるのは得策ではありません。今、この目的のために寄付したいという気持ちの人にとっては、たとえ会費の方が金額的に安くても、団体全体を支援するイメージの強い「入会」はしたくないということもあります。支援しようという気持ちにもいろいろなタイプがあります。相手の気持ちに応じて、会員になってもらう、あるいは寄付をしてもらうという選択肢を提供して支援を募ることが大切です。

2. 会員になる心理とは

会員の気持ちを考える際に、心理学者マズローの欲求5段階説が手がかりとなります。

マズローの欲求5段階説とは、人間の欲求は5段階のピラミッドのように構成されていて、低階層の欲求が充たされると、より高い階層の欲求を抱くというものです。

会員になることで、まず「所属と愛の欲求」が満たされます。「所属」は、入会することによって、社会の課題の解決に取り組む人たちの一員になることです。「所属と愛の欲求」を満たすには、入会申し込みの手続きが行われたら、すぐに、感謝とともに会員登録されたことを伝えなければなりません。もし、会費納入に先立って申し込みをする仕組みであれば、ここで会費納入について確認することにもなります。

入会直後に、会員規約や団体パンフなどの「入会者キット」、会員ナンバー、会員カードなどを送ることは、団体への「所属」を確認し、さらに感謝の意が表されることから「愛されている」ことの確認にもなります。「入会して会費も納めたのに、何の連絡もない」というのでは失望されてしまい、次のステップに進む気が失せてしまいます。まさに、入会時には、「所属と愛の欲求」を満たすための迅速な対応が大切です。

そして、次に「承認の欲求」を満たす必要が出てきます。「会員として認められている」実感を提供するには、会員限定の情報を会報やメールで届ける、イベント時に会員席を用意する、ウェブサイトや活動報告書の会員名簿に名前を掲載する、継続会員には事務局長や理事からお礼状を出すといったことができます。会員であるのに、一般の人に送るのと同じ寄付依頼のダイレクトメールが送られてきたら気分を損なうことになります。「会員としてのご支援に感謝しております」との一言や思いが添えられた依頼状でなくては、「承認の欲求」は満たされません。

そして、会員として、団体の活動の成果やスタッフの努力についての報告を受けていく中で、自分が社会の課題の解決に参画しているという実感を高めてもらいます。報告の際には、「○○様のおかげで××が実現しま

168

した！」というメッセージを盛り込むことが大切です。それによって「自己実現の欲求」が満たされます。この段階では、会員で居続けることに喜びを見いだし、それに加えて折々に寄付もしてもらえるようになります。

　マズローは晩年に、5段階の欲求階層の上に、さらにもう1つの段階があると発表しました。「自己超越」という段階です。それは、「見返りも求めず、何かの課題や使命、職業や大切な仕事に貢献している状態」です。長年継続して会員として会費を納め、時には寄付の依頼にも応じていく中で、このような境地に達してもらえたら、大口寄付や遺贈なども考えてもらえるでしょう。

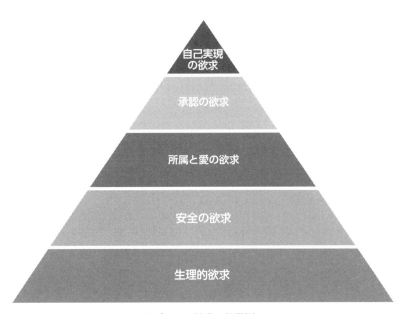

マズローの欲求5段階説

5-2　会員継続率を高める

- □ **何よりも現会員の継続率を高めることが重要**
- □ **一時的な会員も、適切なコミュニケーションで継続的な会員になる**
- □ **オンライン決済導入で自動継続が可能になると継続率が高まる**
- □ **データベースを整備し、継続依頼などの会員管理の効率化を図る**

> 会員数を増やすには新規会員獲得も大事ですが、何よりも現会員の継続率を高めなくてはなりません。そこで、継続率を高めるための３つのポイントを解説します。

　団体にとって会員から得る会費は、貴重な運営資金であり、また、継続を前提とすると予算化もできる安定性の高い資金です。そして何よりも、「長い目で団体の活動全体を応援しよう」という思いが込められた、きわめて支援性の高い資金です。また、総会での議決権が付与された会員であれば、団体の運営自体に参画してくれる心強い「仲間」です。

　その会員制度がうまくいっているかを図る指標の１つが「継続率」です。会員数を増やすためには新規会員獲得も大事ですが、何よりも現会員の継続率を高めなくてはなりません。そこで、継続率を高めるために行うべき３つのポイントを挙げます。

1. 会員限定のコミュニケーション

　新規会員の入会の動機はさまざまです。もちろん、団体の活動を知って大いに共感して入会する人もいるでしょう。一方で「知り合いに頼まれて」「会員特典を得たかったから」といった理由で入会する人も少なくありません。そういう理由で入会した人に「会員になってよかった、来年も続けよう」と思ってもらうためには、団体から継続的なコミュニケーションをとる必要があります。具体的にできることを２つ挙げます。

1）入会者キットの送付

　新規入会者には、入会のお礼と同時に、改めて団体の活動概要や実績、ビジョン等を表すリーフレットなどを送りましょう。この時、いつもの団体紹介パンフレットと昨年度の事業報告書だけを送るのでは足りません。それらに加えて「次の5年間で実現したい10のこと」といった、会員としての継続的な支援が何を生み出すのかを示したチラシや、他の会員からのメッセージなどを2つ折りのクリアフォルダーなどに入れるだけでも立派な「入会者キット」になります。

　「会員証」も会員になったと自覚してもらえる効果的なアイテムです。会員証を持参すると、イベント参加費が割り引かれたり、会員特別席に座れたりといった特典を用意し、会員であることを再認識してもらうことができます。

　こうした「キット」によって、一時的な思いや、消極的な理由で入会した人にも、会員としての自覚、帰属感、特典感、ステータスを感じてもらうことになり、会員継続の第一歩となります。

2）会員対象の広報

　イベント案内でも寄付依頼でも、会員には一般の人とは異なる広報をしましょう。これらは会員対象のメルマガや会員向けニュースレターのような定期的な媒体でもできますが、大切なのは「一般に先立って、まずはあなたに」とか「会員のあなたにこそ、お願いしたい」といった限定感を示すことです。

　こうした広報を通じて会員であることを認識し続けてもらえて、さらに会員であることを意気に感じてもらえたら何よりです。継続のみならず、寄付やボランティアという関わりも生まれ、関係性が高まることが期待できます。

2. 継続依頼

　会員の多くは自分の会員期限を覚えていないものです。そこで、会員期限が切れる前に継続の依頼をしなくてはなりません。それも1回だけ

ではなく、何回か適切なタイミングで通知と継続のお願いをする必要があります。

以下に、団体が会員に対して5つの機会に通知を行う例を挙げます。また、この項の最後に依頼状やメール文面のサンプルも併せて載せますので、参考にしてください。

1）期限が来る2カ月前に継続依頼状を郵送する

継続依頼の書状を郵送します。「人は人に寄付をする」という原則にのっとり、印刷した書状に代表か事務局長といった責任のある立場の人が手書きで一言、支援への感謝のメッセージを書き添え、事務局スタッフの写真入り近況報告などを同封すると効果的です。また、口座番号が印字されている振替用紙も同封しましょう。振替用紙の備考欄には会員種別を記すチェックボックスを記載しておくとよいでしょう。賛助会員から正会員になってもらえるかもしれません。もちろん、逆のケースもありますが、会員種別は明確に意思表明してもらうことが大切です。

さらに備考欄には、「これを機に寄付をする　1口 1000円×＿＿口」という欄も設けておきます。「ついでの寄付」が得られる可能性が出てきます。わざわざ1000円の寄付のために郵便局に行かなくても、「ついでなら」と思ってもらえるからです。

また、オンライン決済をする人には、「毎年自動継続」の手続きを推奨します。NPO法人などの議決権のある正会員については「月割」の会費納付は不可ですが、賛助会員なら「マンスリー会員」への移行も促すことができます。

2）継続依頼状郵送の1週間後に確認メールを送る

「郵送物が着きましたか？」という確認を兼ねてメールも送ると念押しになります。ここで留意したいのは、このリマインドは、すでに納金をした人にも送られる可能性があるので、行き違いになる可能性について書いておくことです。その場合でも、これまでの支援へのお礼メッセージや近

況報告等があれば、単なる督促状ではなくなるので好意的に受け入れられるでしょう。

3）期限当日

入金確認のできていない人に対して、メールで再度のお願いをします。

4）会員特典失効日

会員特典の失効が会員資格喪失日より前に設定されている会員制度なら、この時点で失効についての確認をメールで通知します。

5）会員資格喪失日

ここが最終確認（依頼）となるので、基本的にはメールで行ってよいのですが、例えば5年間にわたるような長年の会員だった場合等は、電話をかけたり往復はがき等を用いて連絡したりするなど、単に通告するだけでなく退会理由を尋ねてみましょう。

3. オンライン決済とマンスリー会員制度

忙しい日常生活の中で会費を納付することが面倒で、ついつい継続しないままになってしまうということもあり得ます。そこで、クレジットカードや口座自動引き落としといった決済方法を導入する団体が増えてきています。

NPO法人などで議決権の伴わない賛助会員なら、毎月引き落としのマンスリー会員の制度も継続率を向上させます。年会費が1万2000円だとして、毎月1000円の引き落としなら、負担感も少なく、しかも解約しない限りは継続されることになります。私の経験からですが、一般的に7割程度と言われている継続率が、マンスリー会員だと9割くらいに上がります。

そして、会員継続依頼を効率よく行うためにデータベースの整備が必要です。丁寧なコミュニケーションを図るためには人手と時間がかかります。

それを解決してくれるのが支援者データベース DRM：Donor Relationship Management です。これは単なる「名簿」ではなく、個人について過去の支援履歴やコミュニケーション履歴も包括的に管理するためのもので、会員の継続率、新規入会者数などの変化をレポート機能で把握できます。非営利団体向けに無料あるいは廉価で下記のようなサービスが提供されているものがあるので、活用してください。

セールスフォース

　「セールスフォース・ドットコム」という会社が提供している、顧客管理のためのサービスです。同社の社会貢献として、非営利団体向けにカスタマイズした支援者管理サービスとして無償提供しています。また、プロボノ支援、導入や活用についての勉強会なども提供しています。

サンプル文例 1）から5）

1）継続依頼状の例（会員期限2カ月前）

徳永 洋子様

2023年4月1日
認定NPO法人　ぐんぐん文庫
代表理事　時事 花子

会員継続のお願い

拝啓　春風の心地よい季節となり、徳永様におかれましてはご健勝のこととお慶び申し上げます。

平素より、「ぐんぐん文庫」を会員としてご支援くださいまして、ありがとうございます。

おかげさまで「ぐんぐん文庫」は、今年1月に3周年を迎え、現在は、幸山県内5か所で、各地域のボランティアの協力のもとに、700人を超える「ぐんぐんの仲間（子ども会員）」に週末のプログラムを提供しております。

これも、ひとえに、ご支援下さいます会員の皆様のお力添えのおかげと心からお礼申し上げます。

さて、きたる2023年5月末日が徳永様の会員期限となっております。ぜひ、会員継続していただきたく、お願い申し上げます。

ご不明な点がございましたら、事務局（電話：xx-xxxx-xxxx 担当:○○）までご連絡ください。

今後ともぐんぐん文庫を、どうぞよろしくお願い申し上げます。

敬具

記

【会員期限】2023年5月末日
【会員種別】賛助会員　【会費】1万2000円
【お振込み方法】
◆郵便振替の場合
同封の振込用紙にて、お近くの郵便局でお振り込み下さい。
◆オンラインでのご入金の場合
クレジットカードで当会ウェブサイトからお振込みいただけます。http://XXXXX/XXXX/

なお、オンラインでのクレジットカード決済でお手続きいただける方は、ぜひ、便利な「毎年自動継続」をご選択くださいますようお願い致します。また、賛助会員のお支払いには、月々1000円のマンスリー決済制度もございます。詳しくは上記のウェブサイトをご参照ください。

175

２）依頼状送付１週間後のメール例

件名：会員継続のお願い―ぐんぐん文庫
本文：
○○○○様
ぐんぐん文庫会員担当の○○です。
いつも会員としてご支援くださり、心より御礼申し上げます。

さて、先日、会員継続のご依頼状を郵便にてお送りいたしましたが、お手元に届きましたでしょうか。引き続き、会員としてのお力添えを得て、子どもたちに読書の楽しさを伝えていきたいと存じお願い申し上げた次第です。お忙しい中恐縮ですが、お手続きをよろしくお願いいたします。

もし、行き違いでお振り込みいただいておりましたら、誠に申し訳ございません。なにとぞご容赦ください。

【会員期限】2023 年 5 月末日
【会員種別】賛助会員
【会費】 1 万 2000 円
【お振り込み方法】

　◆オンラインでのご入金の場合
　クレジットカードで当会ウェブサイトからお振り込みいただけます。http://XXXXX/XXXX/
　ぜひ、便利な「毎年自動継続」をご選択くださいますようお願い致します。また、賛助会員のお支払いには、月々 1000 円のマンスリー決済制度もございます。詳しくは上記をご参照ください。

　★郵便振替によるご入金
　全国の郵便局窓口に備付の払込票で、各局の ATM もしくは窓口にてお手続きください。
　口座番号：x x x x x x x x x x x x x
　口座名：特非）ぐんぐん文庫
　　　　　トクヒ）グングンブンコ

引き続き、ご支援をたまわりたく、どうぞよろしくお願い申し上げます。
　（以下に差出人の署名）

３）期限当日のメール例（入金確認のできていない人に対して）

件名：会員継続のお願い―ぐんぐん文庫
本文：
○○○○様
ぐんぐん文庫会員担当の○○です。
いつも会員としてご支援くださり、心より御礼申し上げます。

先日、会員継続のお願いをお送りさせていただきましたが、ご覧いただけましたでしょうか。

皆様のお力添えをいただきながら、子どもたちに読書の楽しさを伝えるためにがんばっておりますが、会員の皆様からの年会費は活動を支える貴重な財源となっております。

会費のお振り込みを何とぞよろしくお願いいたします。もし、行き違いでお振り込みいただいておりましたら、誠に申し訳ありません。なにとぞご容赦ください。

【会員期限】2023 年 5 月末日
【会員種別】賛助会員
【会費】 1 万 2000 円
【お振り込み方法】

　◆オンラインでのご入金の場合
　クレジットカードで当会ウェブサイトからお振り込みいただけます。http://XXXXX/XXXX/
　ぜひ、便利な「毎年自動継続」をご選択くださいますようお願い致します。また、賛助会員のお支払いには、月々 1000 円のマンスリー決済制度もございます。詳しくは上記をご参照ください。

　★郵便振替によるご入金
　全国の郵便局窓口に備付の払込票で、各局の ATM もしくは窓口にてお手続きください。
　口座番号：x x x x x x x x x x x x x x
　口座名：特非）ぐんぐん文庫
　　　　　トクヒ）グングンブンコ

引き続き、ご支援をたまわりたく、どうぞよろしくお願い申し上げます。
　（以下に差出人の署名）

4）会員特典失効日のメール例（会員資格喪失の前に特典が失効となる場合）

件名：会員継続のお願い―ぐんぐん文庫
本文：
○○○○様
お世話になっております。ぐんぐん文庫会員担当の○○です。
会員継続のお願いをお送りさせていただきましたが、ご覧いただけましたでしょうか。

○○○○様の会員期限が 2023 年 5 月末日となっており、期限切れから 6 か月が経過いたしました。

つきましては、会員規程にともない、本会員規程第○条第○項第○号に掲げております会員特典を停止させていただくこととなりました。

会員規程：http:// ××××××××××××××××

なお、下記より会員継続のお手続きも承っております。
子どもたちの笑顔のために、お力添えいただければ幸いです。なお、もし、行き違いでお振り込みいただいておりましたら、誠に申し訳ありません。なにとぞご容赦ください。

　◆オンラインでのご入金の場合
　クレジットカードで当会ウェブサイトからお振り込みいただけます。http://XXXXX/XXXX/
　ぜひ、便利な「毎年自動継続」をご選択くださいますようお願い致します。また、賛助会員のお支払いには、月々 1000 円のマンスリー決済制度もございます。詳しくは上記をご参照ください。

　★郵便振替によるご入金
　全国の郵便局窓口に備付の払込票で、各局の ATM もしくは窓口にてお手続きください。
　口座番号：××××××××××××××
　口座名：特非）ぐんぐん文庫
　　　　　　トクヒ）グングンブンコ

どうぞよろしくお願い申し上げます。
　（以下に差出人の署名）

5）会員資格喪失日のメール例

件名：会員継続のお願い―ぐんぐん文庫

本文：

○○○○様

お世話になっております。ぐんぐん文庫会員担当の○○です。

○○○○様の会員期限が 2023 年 5 月末日となっておりましたが、今日現在、会費の納入が確認できておりません。

会員規程第○条第○項第○号により、会員期限 1 年経過の時点で会費が納入されない場合は、会員資格の喪失、すなわち退会となっております。

会員規程：http:// x x x x x x x x x x x x x x x x

なお、下記より会員継続のお手続きも承っております。

子どもたちの笑顔のために、お力添えいただければ幸いです。なお、もし、行き違いでお振り込みいただいておりましたら、誠に申し訳ありません。なにとぞご容赦ください。

　◆オンラインでのご入金の場合

　クレジットカードで当会ウェブサイトからお振り込みいただけます。http://XXXXX/XXXX/

　ぜひ、便利な「毎年自動継続」をご選択くださいますようお願い致します。また、賛助会員のお支払いには、月々 1000 円のマンスリー決済制度もございます。詳しくは上記をご参照ください。

　★郵便振替によるご入金

　全国の郵便局窓口に備付の払込票で、各局の ATM もしくは窓口にてお手続きください。

　口座番号：x x x x x x x x x x x x x x

　口座名：特非）ぐんぐん文庫

　　　　　　トクヒ）グングンブンコ

どうぞよろしくお願い申し上げます。

　（以下に差出人の署名）

5-3 会員は団体のファン

□ 会員特典の多くは割引などの経済的な特典だが、会員限定の情報も特典になる

□ イベントや機関誌で会員を紹介して謝意を表すことで、会員に優越感を感じてもらう

□ 会員の集いを開催したり、SNS上に会員交流目的のページを作り、事務局スタッフも含めて交流を図ることで仲間感を醸成する

> 非営利団体の会員は、団体を継続的に支援しようとする、いわば団体のファンのような人たちです。芸能人のファンクラブに入る人たちの気持ちから学ぶ、会員拡大に必要な3つのポイントです。

1. 特典がある

　歌手のファンクラブに入ると、ほとんどの場合、通常だとなかなか手に入らないコンサートのチケットが先行予約で簡単に入手できたり、チケット料金が割引になったりといった特典がつきます。この特典を目当てに入会する人は少なくありません。

　これは、好きでもない歌手のコンサートにはわざわざ行く気にならないのと同様に、団体の活動に対する共感があることが大前提ですが、非営利団体に入会する人の中にも、イベントやスタディツアーの参加費割引といった「会員特典」が設けられている場合に、その特典を目的に入会する場合があります。「会費を払っても元が取れる」という皮算用です。ただし、特典による「お得感」だけでは、割引目的を達成したら退会してしまうことになりかねませんし、団体側も経済的な負担のある特典を際限なく拡大するわけにはいきません。

　特典は、「お得感」で表すような経済的なものだけではありません。好きな芸能人の生活やテレビ出演情報など、限定された情報が掲載された会

報が欲しくてファンクラブに入会するのと同じように、非営利団体においても、会員限定の情報が特典になります。

　団体に蓄積された知的コンテンツ、例えば調査結果のデータやイベント時の配布資料などを会員にだけ無料ダウンロードできるようにするといった特典は、特定の社会課題に関心のある人たちにとっては重要なものとなります。

2. ステータス感を得られる

　ファンクラブ限定の「ファンとの集い」に参加して、その模様をSNSで報告したら「いいね！」がたくさんもらえた、コンサート会場に会員限定販売のグッズを身に着けて行ったらうらやましそうな顔で見る人がいた。こうした時に感じる優越感ともいえるステータス感。「ファンクラブの会員になっていてよかった」と思ってもらえる瞬間です。

　非営利団体のイベント会場の前方に「会員席」を用意したり、会員の名札は一般参加者とは別の色にしたり、ホームページに「会員としてご支援くださっている方々」として名前を掲載したりすることで「ステータス感」を感じてもらうことは、会員継続のモチベーションにつながります。

3. 連帯感を味わえる

　なぜ、ファンはコンサートで同じグッズを手に同じポーズで歓声を上げたり、野球やサッカーの試合中に声を合わせて声援を送ったりするのでしょうか。これは、「○○を応援する」という立場を共有する意識、すなわち連帯感が気分を高めてくれるからでしょう。

　この連帯感は非営利団体の会員にも求められています。社会の課題を解決する仲間、同じ問題意識を共有する仲間という連帯感が、会員であり続けることの動機付けになります。逆に言えば、「退会する」ということは、その仲間から「外れる」決心を強いられることになります。

　そこで、団体では、会員の集いを開催したり、SNS上に会員交流目的のページを作って、事務局スタッフも含めて会員間の交流を図るといったことで連帯感を提供する必要があります。また、会員の集う機会に集合写

真を撮って、連帯感を可視化することも有効です。

　ここまでファンクラブから3つの会員拡大のヒントを見いだしました。

　しかし、ファンクラブと非営利団体とでは1つ大きな違いがあり、ここに非営利団体が会員拡大をしていく上で最も重要なポイントがあります。

　ファンクラブは「あなたが好き」というのが基本です。対象は人。それに対して、非営利団体の会員は「団体が取り組んでいることが好き」が基本です。対象はミッション達成に向けて行っている活動です。人は、自分が抱いている社会に対する思いが、団体のミッションや活動と共鳴した時に、強い共感とともに団体の会員になるのです。極端な言い方をしたら、「アナタ」でなくてもいいということです。

　活動に携わるスタッフのがんばっている姿や人間的な魅力が入会や会員継続につながるのは確かですが、「こんなふうに社会を変えた」という実績を挙げ、それをきちんと伝えなくては、他の団体に思いを託した方がよいのではないかと思われてしまいます。当たり前と言えばそれまでですが、活動への共感を裏切らないよう、しっかりとした成果を挙げていくこと、これが最も重要なことです。

5-4 退会者への対応

ポイント

□ 継続時に会費を納入しなかった人に対しては、1カ月、半年後、1年後といった未納期間に応じた継続依頼をする

□ 退会届が来たら、引き留めるのではなく、これまでの支援への謝意とともに退会理由を尋ねる

□ 不満や怒りとともに退会を通告してきた場合は、電話や面会で、直接おわびと説明をすることで悪い評判が拡散するのを防ぐ

□ 退会者には、今後の連絡先（メールアドレス、電話番号）を改めて伝えて、団体への「ドア」が開いている状態にする

> 会員制度の中で生じる「退会」について考えます。会員が退会するという残念な事態を受けても、ファンドレイザーたるもの、「災い転じて福となす」ことに努めましょう。

「退会」に至る経緯には2種類あります。

1．継続しなかった人（自然消滅型）

メールや文書、時には電話で継続依頼したにもかかわらず会費納付をしない人が一定数います。団体の会員規程で定められている期間を経ても会費納付をせず、会員資格を喪失します。多くの場合、退会届は提出されず、音信不通状態で会員名簿から除外されていきます。

2．退会届を出した人（意思表明型）

退会の意思をメールや文書などで伝えてくる人です。その際に、「引っ越すので」とか「仕事が変わったので」といった理由を伝えてくる場合と、理由は述べずに「退会します」と通知してくる場合があります。また、大きな不満や怒りを表して退会を通告してくる場合もあります。あまり多く

はありませんが、「亡くなりましたので」とご遺族から退会の連絡が来ることもあります。

では、上記の2つについて、どう対応したらいいのかを考えてみます。

1. 継続時に会費を納入しなかった人（自然消滅型）

1）1カ月、半年、1年経過といった時間軸できちんと管理

会員期限が切れた時、その1カ月後、あるいは3カ月後といった段階で、重ねて「継続依頼」を送ります。会員の多くは自分の会員期限がいつなのかを認識していません。また、継続するつもりでも忙しさにかまけて納入し忘れていることも多々あります。「継続依頼」はメールなどで何回か行う必要があります。

また、自動的な退会までに1年間、あるいは2年間などの猶予があっても、会報送付、参加費割引などの会員特典は一定期間が経過すると喪失するという規程を設けている団体もあります。その場合は、そのタイミングで念押しのメールを送るといいでしょう。「なんで会報が来ないのだろう？」「会員割引のつもりでイベント参加したのに一般価格になってしまった」といったミスコミュニケーションは防ぎたいものです。

こうした時間経過に応じたルールに基づいたコミュニケーションは、きちんとした会員管理システム（支援者データベース）が整っていれば、日常業務の中で粛々と行うことができます。

2）退会の通知

継続依頼への反応がなく、会員規程で「退会」となる期限が来た会員に対しては、その時点で最後の「働きかけ」をします。その際には、過去に会員として支援してくれていたことへの感謝、団体の近況、さらなる支援を必要としていることなどを伝えつつ、期限が来たことをはっきり伝えます。

3）退会後

　自動的な退会処理の後は、メルマガなどコストのかからないコミュニケーション以外は停止し、データベース上に「過去会員」として記録しておき、「潜在的支援者」として働きかけたい際の対象とすることになります。

2. 退会届を出した人

1）引き留めるのは不可能

　退会届が来たら、引き留めるのは不可能だと考えてよいでしょう。それなりの理由があって、誠意をもって届け出をされたのですから、こちらもきちんとそれを受け止めましょう。

2）お礼を伝え、その際に退会理由を聞く

　お礼の出し方は電子メールか郵送での書簡をおすすめします。長年の会員には直接電話でのお礼を伝えたくなりますが、「辞める言い訳」を聞き出すように受け止められて、プレッシャーにもなりかねません。また「今後の参考にさせていただきたく、アンケートにご協力ください」という依頼も、メールなら、お礼の用意されたアンケートサイトにリンクで飛んでもらって選択肢で答えてもらう方法で気軽に協力してもらえます。

　アンケートで聞くべき事柄は「なぜ退会するのか」の1点ですが、さすがにその質問だけではストレートすぎるので、「団体に期待すること」といった設問を混ぜて3問くらいの簡単なアンケートで答えてもらうとよいでしょう。そうすれば、退会届の際に何らかの理由を伝えてきていても、重複感なく改めて回答してもらえます。

3）円満な退会でない場合

　不満や怒りを明記した上で退会を通告してきた場合は、電話や、場合によっては面会をして、直接おわびと説明をする必要があります。大事なのは、しかるべき立場の人が丁寧に誤解を解くことです。SNSなどで誰もが情報発信できる時代に、団体の評判を落とすような事態は避けたいものです。

そして、データベースではその経緯が分かるようにしておかなければなりません。通常、退会届を出して退会した人はデータベース上に「過去会員」として記録され、「潜在的支援者」として働きかけたい際の対象としますが、こういうケースではその対象から外すことも必要です。

4）お亡くなりになったという連絡があったとき

ご連絡くださった方に代表者名で「お悔み」を出します。「ご相続からご寄付を」とか「代わってご支援ください」などと、こちらから依頼するのはその時点では場違いですから我慢しましょう。ただ、いかに亡くなった方が団体に期待して応援してくださったか、感謝しているかを伝えることが、そういう可能性につながるかもしれません。ただし、寄付額やこれまでの支援額は亡くなった方の「個人情報」ですので、それは書かないようにしましょう。

5）ドアが常に開いていることを感じてもらう

お礼には、これからの連絡先（メールアドレス、電話番号）を改めて伝えて「ドア」はいつでも開いているようにします。「団体の活動に対するご指導、ご鞭撻、そしてご支援をこれからもよろしくお願いします」というメッセージを伝えましょう。

186

イベント開催

6-1 開催前に押さえておくべき5つのポイント

□ ファンドレイジングのためのイベントの主な目的は3つある

　1）資金調達

　2）社会的課題についての周知（新規支援者の獲得）

　3）支援者との関係性の強化

□ 予算と進捗状況の管理責任者と各作業の担当者を明確にする

□ 協賛・後援は、決定までの社内決済に時間がかかるので、早めに依頼する

□ イベント終了後の参加者、協賛や後援へのフォローは、次回の支援につながるものなので、実施計画と同様、綿密に計画を立てる

> コンサート、バザー、食事会、オークションディナーといったイベントによるファンドレイジングは、成功すればまとまった金額を得られる貴重な機会です。また、活動報告会やシンポジウムなども支援者拡大の場となります。他方で、イベント開催には大きな時間と労力が必要です。「くたびれもうけ」にならないため、あらかじめ押さえておくべき5つのポイントを解説します。

1. 開催目的を明確にする

ファンドレイジングのためのイベントには、その主たる目的を考えた時に、下記の3つのタイプがあります。

　1）資金調達

　2）社会的課題についての周知（新規支援者の獲得）

　3）支援者との関係性の強化

多くの場合は上記3つの混合型ですが、第一の目的を何にするかで企画

内容が変わってきます。

　ひとくちに「イベント」と言っても、そこから得られるものはいろいろあります。開催の目的を明確にしておけば、適切な開催時期、会場、内容、参加対象、参加者数、広報の方法などが決められ、成果についても具体的な目標が掲げられてきちんと検証することができます。

1）資金調達

　高額な参加費を払って豪華な会場でディナーやオークション、ビンゴゲームを楽しむようなチャリティーイベントが日本でもけっこう開かれています。まさに資金調達を第一の目的にしたイベントです。そこでは、ある種の非日常的な雰囲気の中で、参加者が高揚した気分で参加費以上のお金を使うための演出がなされます。

　例えば、ホテルなどで食事とともにオークションを行う場合、着席前に別室でカクテルなどを提供しながら、サイレントオークションに参加してもらいます。サイレントオークションとは、品物の前に置かれた紙に競る値段を書き込んでもらい、最も高い金額を書き込んだ人が競り落とすものです。チケットを購入して参加した人の中には、本番のオークションは見物するつもりでいる人も多いでしょう。そういう人も、カクテル片手に歓談しながら品定めなどしていく中でサイレントオークションに参加し、高揚した気分で結果を待つことになります。サイレントオークションの結果は、本番前に発表されます。そうすれば、「競り負けた」人の心には「使わなかったお金」が残されて、本番の別の品物のオークションに使う気になってもらえます。

　またチャリティーバザーなどでは、子どもたちがキャンディーレイ（飴をつなげてつくる首飾り）を売り歩いたりします。手荷物が増えるバザー会場で首にかけられるものなので断る理由もなく、しかも子どもたちの「言い値」なら割高でも買ってもらえます。

　もし、こういう会場で「社会的課題への周知」ということで、団体が取り組んでいる活動の現場、例えば戦禍の悲惨な状況や被災地の惨状、飢餓に苦しむ子どもたち等に関する資料が渡されたり、その様子が上映

189

されたりしたら……。これは、実は逆効果です。活動がもたらした「明るい話題・成果」などが主催者からの挨拶の時に報告されて「拍手喝采！」するというのがふさわしいでしょう。

2）社会的課題についての周知（新規支援者の獲得）

　課題の周知を目的としていたら、通常より安価な入場料のコンサート、演劇、講演会を開催してでも、多くの人に来場してもらい、そこで、しっかりと活動について説明して、アーティストや登壇者が舞台から支援を訴え、皆が社会の課題解決について心をひとつにするような演出、そして会場内の至るところで寄付を受け付けるといった段取りが必要です。

　入場料も安くて、楽しいことばかりで、でも「何のためのイベントだったか分からなかった」というのでは目的が果たせません。

　また、会場での寄付を期待していても、それでも「赤字前提」という計画は避けたいものです。経費はできるだけ抑えなくてはなりません。会場を無料、安価で提供してもらう、登壇者に薄謝で協力してもらう、経費のかからない企画にする（コンサートでも、バンドや楽器の不要なギターの弾き語りにするなど）、運営ボランティアに協力してもらう、など経費を抑えることに努めてください。

3）支援者との関係性の強化

　イベントの形式が、パーティーであれ、コンサートであれ、講演会や報告会といったものであれ、支援者との関係性の強化を目的にしたものであれば、支援者への感謝を表す、支援者の考えを直接聞く、受益者や団体スタッフと支援者が交流する、支援者間が交流する、といった場面を盛り込む必要があります。

　また、支援度に応じた参加者対応をしなければなりません。具体的には、名札の色、席次、プログラムへの名前掲載などについて、過去の支援度に応じて「差」をつけるということです。3年以上の継続会員にはイベント前に別室で理事と交流する茶話会を設けたり、イベント内で長年の功労者を顕彰したりするのも有効でしょう。

　一方で、まだ支援を始めたばかりの人たち、あるいは、これから支援を考えている人たちが参加していることがあります。そういう人たちへの配慮も必要です。支援度だけを軸にイベントを進めると、それは疎外感につながり、これから団体を応援しようという人たちの気持ちをそぐものになります。遠方から参加してくれた人を紹介したり、一番若い人を紹介したりするなど、支援度に関係なく感謝していることを表す演出も必要です。

2. 緻密な開催計画を策定する

　予算計画も含めて、イベント開催に向けては緻密な計画を立てる必要があります。イベントの規模によって準備期間は変わりますが、大きな予算と労力を要するイベント開催は年次計画に盛り込まれるので、「こういう目的と内容のイベントをやる」と決める段階から考えると1年間の準備期間があってもよいでしょう。

　計画には、会場予約、告知・広報（プレスリリースも）、協賛・後援依頼、登壇者依頼（出演者、司会者など）、参加申し込み、ボランティア募集、終了後の参加者へのフォローなどを日程に落とし込んで団体内で共有する必要があります。そして、その計画を遅滞なく実行していかなくてはなりません。これについては、「6-5 開催チェックリスト」を活用してください。

　イベントでは思いがけない出費も生じたりしますが、予算内できちんと済ませられるような予算管理も重要です。イベントについては、予算と進捗の管理をする責任者を明確にして、各作業における担当を明確にしておくことも大切です。

　そして、何よりも大切なのが集客です。どんなに素晴らしい企画を立てても、集客できなければイベントを開催する意味がありません。集客については、「6-2 より多くの集客のために」を参照してください。

3. 協賛や後援の依頼

1）協賛について

　どのような目的のイベントであっても、イベントには協賛してくれるスポンサーからの寄付が期待されます。寄付はお金だけではなく、時には会

場提供や物品提供など、経費の低減やクオリティーの向上に大いに貢献してもらえたりします。

　そこで重要なのが「協賛依頼資料」です。これは、協賛依頼をした場合に、企業の担当者が上司を説得する際の説明資料になるもので、協賛依頼の際の必需品です。

　この資料には以下の項目を記載します。

① 団体について
② イベントの概要（目的、日時、会場、参加者数、プログラムなど）
③ 参加者層について
④ 過去に開催していた場合は、その実績
　（参加者数や会場写真など。過去の協賛社や後援名義の一覧も大事な情報）
⑤ 協賛することのメリット
⑥ 協賛メニュー（協賛金額に応じてどういう特典があるのかを明記）
⑦ 今後のスケジュール

　これらに併せて、団体紹介パンフレットなどを持参して企業などに協賛依頼をします。協賛決定までには社内決済に時間がかかるので、早めに依頼することが大切です。

　そして、協賛してもらえた場合はイベントに招待し、終了後にはきちんと報告をするフォローが必要です。「協賛を依頼するなら、イベント終了直後が一番よい」と言われています。終了直後は、協賛企業の担当者の異動もあまりないでしょうし、彼ら自身が「熱気」を忘れていないことから、次回のお願いもしやすいのです。マスコミや地域の広報誌などで報道されている、参加者がSNSなどで感想をレポートしている、といった「熱冷めやらぬ」時には訴求力も増します。

2）後援について

　後援してもらう対象はいろいろあります。

- 省庁
- 自治体
- 在日外国公館
- 企業
- 団体

　後援してもらうことによって、告知などで実質的な協力を得られる場合もありますが、一般的には「名義」提供の後援がほとんどです。それでも、しかるべき後援を得ることは、イベント、ひいては団体のイメージアップにつながります。イメージアップにつながるようなところから後援してもらうことに注力したいものです。

　省庁や自治体などは、一定の書式による申請が必要で、「開催3カ月前までに申請すること」というように、一定期間の「審査期間」が設けられていますので、早めの準備が必要となります。申請したものの、プログラム作成時に後援が決定していなくて、「○○省（予定）」などと記されているのをよく見ますが、あまり見栄えがよくありません。

　また、大使館などは、英語で申請しなければならないことも多々あります。こうしたハードルの高い後援だからこそ、それを掲げることに意味があるわけです。また、企業については、初めは後援としての協力でも、次回からは協賛になる可能性も出てきます。協賛を断られても、「後援で」とお願いしてみるとよいでしょう。

　関連する団体の後援は、告知などの実質的な協力を得られること以上に、自団体がもつネットワークの広がりを表せるというメリットがあります。

　イベントへの後援のリストは、よい意味での勢力誇示となります。しっかりと対象を選んで、そしてイベント告知チラシなどに掲載できるように余裕をもって申請依頼をしましょう。

4. ボランティアの活躍

　ある意味「ハレ」の場となるイベントは、ボランティアにとっても楽しい活躍の場となります。また、イベントにはたくさんの労力や能力が求め

られますが、それをサポートしてくれることで、イベント開催の経費の節減にもなります。イベントボランティアをきっかけに、団体の日常業務のボランティアになってくれることもあります。

　ここで重要なのが、イベント会場ではボランティアも大事な「団体の顔」になるということです。不用意な言葉遣いや態度が参加者の満足度を下げてしまうかもしれません。そこで、イベントボランティアには事前の説明会が欠かせません。ボランティアを希望してくれる人は団体の理解者と考えられますが、事前に顔合わせをして、当日の円滑なチームプレーにつなげましょう。

　また、イベントも回を重ねたら、経験のあるボランティアをリーダーにしたボランティアチームを構成して、部分的にある程度、運営を任せることも可能になります。事務局だけでなく、イベント実行委員会がボランティアを含めた構成で定着したら、それ自体がイベントの大きな価値になります。

5. 参加者フォローアップも計画の一部

　イベント終了後に、いかに参加者、協力者（協賛企業、後援団体、取材者、ボランティアなど）との関係性を継続・強化していくか、支援者としてのレベルを上げてもらうためのフォローが重要です。

　お礼のメールやレター、訪問はもちろん、イベントをきっかけにして「次のステップ」に向けた働きかけをしなければ、せっかくのイベントも一過性のもので終わってしまいます。SNSでつながる、メルマガ登録してもらうなど継続的な関係のために、参加者にどのようなタイミングでどのような働きかけをするのか、事前に計画しておかなければなりません。

　そのために必要なのが、参加者や協力者をきちんとデータベースに入力することです。イベントに限らず、団体と一度でも接点を持った人はきちんとデータとして残しておくことが重要です。このことについては、「6-3　参加を支援につなげるには」を参照してください。

6-2 より多くの集客のために

□ イベント告知は、できるだけ早く開始する

□ 「早割」を設けることは、お得感からの集客が進むと同時に、初期の申し込み状況の把握ができ、告知広報戦術に役立つ

□ 告知協力をしてくれる人を募り「PR サポーター」として更新情報を発信してもらうなど、口コミを仕組み化することで集客につなげる

> どんなイベントも人が集まらないことには意味がありません。では、「満員御礼」とするためにはどうすればいいでしょう。魅力的なイベントを企画することが第一ですが、それに加えて、集客のためにするべき 4 つのことを解説します。

1. 告知はできるだけ早く

イベントの告知を「チラシが刷り上がってから」「スピーカーが決まったら」「協賛や後援が確定したら」「ウェブサイトができてから」というように、準備が万端に整ってから開始するのでは遅すぎます。

告知を見て、ぜひ参加したいと思ってもらえても、先約があったら参加できません。そこで、日時だけでも確定したらすぐに告知することが必要です。もし、毎年開催するイベントなら、イベントのクロージングで、参加者に「来年も同じ日にお会いしましょう！」と告げることで、盛り上がった気分の中で日程を確保してもらえます。

ウェブや機関誌でのイベント報告に「次回は何月何日です！」と予告をすると、その報告を読んで「行きたかったなあ」と思ってもらえた人の次回の参加につながります。ただし、予告しても、その後に新しい情報が出なければ、「いったい、いつ決まるの？」「いつから申し込めるの？」「本当にやるの？」と、疑問を持たれる中で忘れられてしまいます。開催に関する基本的な情報、日時、場所、目的、内容、申し込み開始日、メインゲ

ストなどは、企画を実行していく初期の段階で決めておくべきことです。それが決まったら、まずはその段階で告知を開始します。

　そして、当日のプログラム、ゲスト、協賛、後援などは、申し込み開始日に間に合えば十分です。さらに、参加申し込み中に、「○○が決定！」などと新しい追加情報を出すことで期待値を上げていくことも有効です。

2. 早期申し込みには特典を付ける

　参加申し込み期間の初期の申し込みに割引特典を付けると、「そのうちに申し込もう」と思っていて別の予約を入れてしまうことや、迷っているうちに気が変わってしまうことを防げます。また、集客がうまくいっているのか確かめるためにも、初期の申し込み状況の把握が必要です。

　そのためにも、イベント申し込み受付は早めに開始しましょう。申し込み期間が３カ月あったら、初めの１カ月の申し込みに割引をつけて、その申し込み状況から、次の一手を考えるといったことが可能になります。

3. 口コミを仕組化する

　広報のルートや機会に限りがある中で、これまで接点のなかった人たちにイベントを案内するのは容易ではありません。そこで、支援者が知り合いを誘ってくれるという、いわゆる「口コミ」は、イベントの集客に効果を発揮します。

　ブログ、Facebook、Twitter などで誰でも情報発信者となれる時代だからこそ、支援者による私的な情報発信の量はあなどれません。

　ただし、そうはいっても、イベントについて上手に伝えてもらうためには、団体からの働きかけが必要です。

　例えば告知協力をしてくれる人を募って「PR サポーター」として登録してもらい、その人たちにはイベント紹介のための文章、写真などを提供します。そして、実際にイベントを紹介してくれて、特設サイトなどへのリンクを貼ってくれたら、「PR サポーター」のリストでその人のブログや団体サイトにリンクを貼る。こういう「仕組み」で口コミに協力してもらうと、まずはその人たちが参加者となり、そして誰かを連れて

来てくれることが期待できます。PRサポーターには、折々「最新情報」を提供して、繰り返し告知に協力してもらいます。また、5人でまとめて申し込んだら参加費割引をするといった特典で、口コミの意欲を高めてもらうのもよいでしょう。

4. SNSの活用

　イベント告知と集客には、FacebookなどのSNSが有効です。主催者からの情報が既存の支援者から拡散されて、潜在的な支援者にも届けられるからです。Facebookなら、大きなイベントについては、団体ページとは別にイベントページを作成し、イベントに参加する人たちの「コミュニティ」を形成することで、団体と参加者、あるいは参加者同士の事前交流が図れて、イベントへの期待と参加意欲が高められます。

　以下、団体がイベントについてFacebookやTwitterで投稿すべき内容を7つ挙げます。

1）イベント開催情報（主にFacebook）

　イベントのタイトル、開催趣旨・内容、日時、会場、主なプログラムなど、イベント案内チラシに掲載する内容を掲載します。「シェアしてください」という拡散の依頼もします。また、チラシの画像データも掲載しておくと、それも拡散の際に使ってもらえます。

2）イベントの準備の進捗報告（主にFacebook）

　イベントに向けた準備を折々に報告することで、参加者に「こんなふうにがんばっているんだ」と団体への親近感を抱いてもらえます。イベント開催時には、参加者が不満を抱く場面が生じる可能性が多々ありますが、こういう過程を見てもらうことで、寛容になってもらえます。また、プログラムの詳細などを小出しに紹介していくことで、参加へのモチベーションも高まります。こうした更新情報は、参加者の期待感を醸成するとともに、新しい「ネタ」として、繰り返して拡散してもらうことにもつながります。

3）イベント関連情報（主に Facebook）

　例えば登壇者の著書の紹介、関連する他のイベントの案内、テーマとしている社会課題に関するデータやニュース、こうした関連情報を発信することで、イベントの社会的な意義が伝えられると同時に、情報サイト的な意味合いをもって、このページを頻繁に閲覧してもらえるようになります。

4）参加者の声（主に Facebook）

　継続して開催しているイベントなら、前回の参加者の声を掲載して、「参加してよかった、また参加します、みなさんもぜひご参加ください」と呼び掛けてもらいます。また、参加表明している人に「何を期待しているか」をインタビューして、参加の呼び掛けをしてもらいます。主催者の発信する情報だけでは、どうしても「手前みそ」感が出てしまいますが、こうした参加者の声は、イベントの価値を伝える際に「客観的」な印象を与えます。また、登壇者もイベント参加者です。登壇への意気込みなども語ってもらうと参加者の期待感が高まります。

5）実況報告（主に Twitter）

　開催時の実況報告は、タイムラインで刻々と情報が流せる Twitter が最適です。その「ハッシュタグ（特定のテーマについての投稿＝ツイートを検索して一覧表示するための機能）」についても、参加者への連絡メールだけでなく、あらかじめ Facebook などで紹介しておきます。参加できなかった人も、それによって臨場感のあるイベント報告を得ることになり、次回の参加意欲につながります。また、イベント時に参加者自身が Twitter に写真を投稿したり、実況中継したり、感想を投稿したりすることで主体的に関わりを持つことができます。それが、終了後も団体の支援者として連帯感をもって「つながる」ことになります。会場内にスクリーンを用意して、イベントのハッシュタグの投稿が流れていくのを可視化するというのも投稿意欲につながります。

6）開催報告（主に Facebook）

　写真などとともに開催報告と参加者への感謝を伝えます。この写真が参加者によって拡散されることで、団体の知名度アップにつながります。撤収作業風景なども載せることで「ご苦労さま」と参加者に感じてもらえて、団体への親近感を高めてもらえます。

7）次回の予告（Facebook と Twitter）

　毎年開催しているイベントなら、終了時点で、次回の日時だけでも告知できるように決めておいてください。参加者、あるいは参加しなくても関心を抱いた人は、予定に入れてくれるでしょう。Facebook の有料広告機能は、イベントページや個々の投稿をより多くの人たちの目に留まるように対象者、対象者数、広告期間などが細かく設定でき、しかも安価ですので、ぜひ活用してみてください。

イベント案内チラシのひな型（表面）

イベントタイトル
サブタイトル

● 日時：○○○○年 ○○月 ○○日（○曜日）00：00 から 00：00
（受付開始 00：00）

● 場所：会場の名称（会場住所）
※最寄駅から徒歩 00 分といった情報
（地図は裏面をご覧ください）

● 参加費：会員割引や早割がある場合は明記する

イベントの目的や内容について、分かりやすく簡潔に書く。	登壇者の顔写真や、前回のイベント風景、あるいはこのイベントに関連する活動風景や受益者などを表す写真。 写真の下には、キャプション（説明）をつける。

● お申し込み方法：

無料のイベント、あるいは参加費を当日受付で徴収するなら、「団体のウェブサイトからお申し込みください」と書いて団体のホームページのＵＲＬを示す。（ホームページのトップに申し込みページへのリンクバナーなどを設置）。ただし、事前の決済を要するなら、参加申し込みと支払いが同時にできるオンライン上の決済一本化が望ましい。

それに加えて、裏面からファクスできるようにしてもよい。

● お問い合わせ：団体：○○○　電話番号 xxx-xxxx まで

団体のロゴ、名称、住所、ホームページなどの基礎情報

イベント案内チラシのひな型（裏面）

ファクスで申し込みを受け付けるなら、ここにファクス番号を
大きく記載する

ファクスで申し込みを受け付けるなら、ここに参加者の
名前、住所、電話番号などを記載する欄を入れる。

ファクスを使わない場合は、ここに、団体代表からの
呼び掛けメッセージや主な登壇者、ゲストなどの紹介
（顔写真入り）を入れる。

あるいは当日の進行などを入れる。

会場の周辺地図

会場の建物の写真

会場所在地
最寄り駅などの路線情報

団体のロゴ、名称、住所、ホームページなどの基礎情報
お問い合わせは ○○まで　を再記載

＊いただいた情報は当会の個人情報保護方針にのっとり、厳重に管理し、
当会からのお知らせ以外の目的では使用しません。

6-3 参加を支援につなげるには

- □ **イベント参加を支援につなげるには、申し込みやアンケートで個人情報を獲得してコミュニケーションを取る**
- □ **イベント会場には、「寄付受付」「入会受付」「会費納入（継続）」「ボランティア受付」といった、すぐに支援できるコーナーを整えておく**
- □ **イベント後の参加者や協力者へのフォローを開催の工程表に入れておく**
- □ **イベント報告の公開が次回イベントの期待値を高める**

> 非営利団体の多くが毎年たくさんのイベントを開催しています。それぞれのイベントにはその目的に応じた企画がありますが、いずれのイベントにも共通する目的があります。それは、「支援者拡大」です。イベント参加を支援につなげる６つのポイントを解説します。

先に確認した通り、イベントの目的は大きく下記の３つがあり、実際には、多くのイベントの目的は優先順位がついた「混在型」です。

① 資金調達
② 社会的課題についての周知（新規支援者の獲得）
③ 支援者との関係性の強化

イベントにはいろいろな形態があります。報告会、セミナー、シンポジウム、コンサート、バザー、展覧会、パーティー、ビンゴ、オークションなど、さまざまな形態のイベントが非営利団体によって開催されています。ただ、どんなイベントであれ、共通する重要な目的は、「団体の取り組む社会の課題に共感してもらい、課題解決に取り組む活動を支援してもらう」ことです。

イベントには、初めて参加する人とリピーター、さらにはすでに支援者

となっている人（寄付者やボランティア）の参加があります。「友達に誘われたから」「なんとなく時間があったから」といった消極的な動機で参加する人から、「かねてから強い関心があった」「支援者として応援し続けている」人たちまで団体に対する思いの強さもまちまちです。そういう多様なイベント参加者に「団体の取り組む社会の課題に共感してもらい、課題解決に取り組む活動を支援してもらう、これまで以上に支援してもらう」にはどうすればいいか6つのポイントで考えてみます。

1. 参加者の個人情報の獲得

　新規の参加者であれ、リピーターあるいは既存の支援者であれ、参加者のデータは関係性の構築に欠かせません。特にイベントで初めて団体と直接的な接点を持った人は、関係性構築の第一歩を踏み出してくれた貴重な「支援者予備軍」です。「6-1 開催前に押さえておくべき5つのポイント」にも書きましたが、参加者の情報をきちんとデータベースに入力しておくことが、今後のコミュニケーションに必須となります。

　ネット上でのイベント予約だと簡単に質問項目にチェックが入れられますから、氏名や所属や連絡先といった「必須入力項目」に加えて、（面倒だと思われない範囲で）住所や電話番号、個人の属性、参加動機などを質問してもいいでしょう。

　事前申し込みではないイベントでは、アンケートが役立ちます。参加者の声を次に生かす目的に加えて、参加者の個人情報の獲得のためにもアンケートの回収は欠かせません。

2. 個人情報の保護に注意

　イベント開催を通じて多くの個人情報が得られ、データベース内で管理され、それを加工して参加者名簿や名札を作り、事前のお知らせや事後のお礼などに利用します。ここで注意しないとならないのが「個人情報の保護」についてです。

1）個人情報の保護について

　個人情報は、「生存する個人に関する情報であって、当該情報に含まれる氏名、生年月日その他の記述等により特定の個人を識別することができるもの」（個人情報保護法第2条）と定義されています。個人情報保護法の対象となる「個人情報取扱業者」は、個人情報を利用しているすべての団体です。個人情報取扱業者となる非営利団体は、個人情報の不適切な取り扱いによって、その人の権利が侵害された場合、民事訴訟問題に発展することもありますから要注意です。そもそも、支援者の個人情報を外部に漏らしたり、目的以外の利用を行ったりしては、団体の信用を失ってしまいます。

2）団体として整えておくべき点

① 個人情報保護方針（プライバシーポリシー）を定めて、団体のウェブサイトで公開する。併せて、個人情報保護の責任者（多くの場合、事務局長）の名前を明記する。

② 個人情報を入力してもらうウェブの入力画面に、「いただいた情報は当会の個人情報保護方針（①にリンク）にのっとり、厳重に管理し、当会からのお知らせ以外の目的では使用しません」と明記する。

③ 各種の申し込み用紙などで個人情報を記入してもらう時には、紙面に「いただいた情報は当会の個人情報保護方針（URLを記載）にのっとり、厳重に管理し、当会からのお知らせ以外の目的では使用しません」と明記する。

3）イベント時に特に注意すべきポイント

① 受付名簿の管理。受付担当が離れた際に放置しておく、誰にでも見えるところに置いてあるといったことのないようにする。

② 個人情報保護方針を印刷したものを受付に用意しておき、求められたら示せるようにしておく。

③ アンケート等の回収は、個々に「回収箱」などに入れてもらうようにして、その箱をスタッフが見張ること。

④ 参加者間交流のために「参加者名簿」を配布することがあるが、そ

の場合、参加申し込み時に、掲載項目を示して、「掲載の可否」を問うこと。

3. 会場内コミュニケーション

イベント当日はスタッフ全員が設営や受付に忙殺されがちですが、参加者とのコミュニケーションも大切です。開始前や終了後に声を掛ける、バズセッション（グループディスカッション）があればスタッフも加わるといったことで、「顔の見える関係」が生まれます。とはいっても、なかなか余裕がないのも現実です。そういう場合にこそ、理事に協力してもらったり、あるいは運営をできるだけボランティアに任せたりすることが必要です。

また、イベント参加者に参加感を抱いてもらうことも関係性の構築にプラスになります。「お客様」ではなく「仲間」だと感じてもらえるように、発言のチャンスを用意する工夫もします。例えば「今日はどちらからいらっしゃいましたか？」と地名ごとに手を挙げてもらうだけでも参加した気分が高まったりします。

もちろん、参加者の中に会員や寄付者がいた場合、「いつもありがとうございます」と一言添えるだけで、「自分のことを覚えていてくれた」と喜ばれます。そのためには、事前に参加者名簿をスタッフ内で情報共有しておくことが必要です。以前、写真付き会員カードを発行している団体で、スタッフが「写真と名前」でカルタをつくって名前を覚えるという話を聞いたことがあります。スタッフが顔を見ただけで、「○○さん、いつもありがとうございます！」と声を掛けることができたら、支援者に喜んでもらえます。

覚えていなくても、「どういう立場の人か」が一目で分かるように、参加者の名札の色を「会員」「３年以上の会員」「１回だけの寄付者」「繰り返しの寄付者」で分けておく、あるいは目印のシールを付けておくと、会場での声掛けの際に役立ちます。また、名札は大きめの文字で、名字だけには「フリガナ」を振っておくとよいでしょう。名前を読み間違えられるのは不愉快なものです。時々、何も入っていない名札のケースを

渡され「名刺を入れてください」というイベントがありますが、名刺では文字が小さく、コミュニケーションツールとはなり難いものです。

　また、長年の会員や大口寄付者には、控え室で待ってもらい、開始直前に「特別席」と書かれた椅子に拍手で誘導するといった演出も、会員や寄付者に対する敬意を表すことになり、既存の支援者に喜んでもらえると同時に、「支援者を大切にする団体」というイメージを表せます。

4. イベント内で「すぐに支援ができる」機会を用意する

　イベント会場には、「寄付受付」「入会受付」「会費納入（継続）」「ボランティア受付」といった、今後、何か応援したいという気持ちをすぐに受け止められるコーナーを整えておく必要があります。

　イベントでは、主催者の挨拶に「ご支援よろしくお願いいたします」というせりふが必ず出てきますが、「では、どうすればいいの？」という具体的な方策が示されていないと、何もせずに帰ることになります。団体案内やチラシで支援を訴えても、翌日になったら「面倒だ」「忘れた」ということになりがちです。

5. イベント後のフォローを工程表に入れておく

　イベントの企画の際には、告知、集客、そして当日の運営に大きな労力が割かれており、いわゆる「工程表」にはイベント開催までの工程が詳細に練られ、その開催日が工程表の「最終日」になっていることがあります。でも、それでは「やっただけ」になってしまいがちです。参加者へのお礼や報告といった終了後のコミュニケーションが「次のステップ」を導きます。イベント開催の工程表には、フォローアップについてもきちんと予定を立てておきましょう。

　具体的には、出席者へのお礼メール（翌日）、ボランティアへのお礼メール（翌日）、イベント報告のウェブへの掲載（1週間以内）、スポンサーがついていたら、お礼（簡単なお礼を翌日に）と、開催概要の報告を兼ねたお礼（2週間以内）、さらに高額なスポンサーなら事務局長が直接訪問してお礼と報告をする、といった段取りをあらかじめ決めておきましょう。

　お礼メールにイベントの写真を付けるのも一案です。可能なら参加者の集合写真も。そうすると参加者が「先日、こんなイベントに……」とSNSで報告してくれることもあります。

6. イベント報告を公開

　イベントでは、集客や協賛獲得などのために開催予告のウェブサイトを熱心に作り込むなどします。それと同じように、終了後には、どれだけの人が参加したか、どんな内容で「盛り上がったか・満足されたか」など、いかによいイベントが開催できたかを対外的に報告（アピール）することが大切です。自画自賛していいのですが、そこで忘れてはならないのが「謝意」。感謝の念がきちんと示されていたら、自画自賛が「おかげさまで、このような成果が生まれました」に変わります。

　参加しなかった人は、「次回こそは！」と思って、開催情報を得るためにメルマガ登録してくれるかもしれません。報告のページには次回の予告や、メルマガ登録画面も必要です。また参加した人は、改めてよいイベントだったと満足して、「寄付のひとつもしてみよう」と思ってくれるかもしれません。スポンサーなら、また次回も応援したいと思ってくれるかもしれません。よいイベントを開催できれば、既存の支援者にとっても「がんばって良い仕事をしている」という評価につながります。時々、イベント終了後に、イベント告知サイトの上部に「終了しました」の一行だけが掲載されているものを見かけます。これは、もったいないことです。

6-4 アンケート

□ **アンケートは設問数が多いと回収率が下がる**
□ **手書きのメールアドレスは読み取りにくいので、大きく書けるように欄の大きさを設定する**
□ **個人情報の保護に配慮する旨を付記する**

> アンケートは支援者について、また、今後のイベント開催に役立つ情報の「宝庫」です。ただ、参加者にとってアンケート用紙に記入するのは面倒なものです。そこで、アンケートの留意点を5つ挙げます。

1. 設問数を少なくする

　大切なのは「満足度」です。これは必須です。あとは「どのルートでこのイベントを知ったか」。これは、今後のイベントの告知方法だけでなく、団体が社会との接点を持つ際の入り口がどこにあるのかを知ることができる貴重な情報です。この2つ以外に、2問程度の「選択型（○をつける）」の質問をして、最後に「その他、何かお気づきの点やご意見がありましたら」という項目を入れておきましょう。書き込むことが負担に思われてせっかくの意見を集めることができなかったら、欲しい情報が得られません。

2. 名前とメールアドレスが必須

　メールは安価なコミュニケーション手段ですので、メールアドレスはぜひとも得たい情報です。手書きだとアルファベットが読み取りにくかったり、ハイフンとアンダーバーの区別がつきにくくなったりするので、字を大きく書いてもらうように欄の大きさを設定します。昨今は、電話番号を紙に書いてもらおうとすると警戒心を持たれます。イベント申し込み時などにオンライン上で尋ねると抵抗感がなく入力してもらえるのは、セキュ

リティーが守られていると感じるからです。手書きで不特定多数の人の目に触れると思うと書きたくなくなるわけです。住所も「よろしかったら、当会からのご案内などをお送りする場合のご住所をお知らせください」と書き添えるとよいでしょう。一般にメールなどを日常的に使わない高齢者などは、「住所」を連絡先として書いてくれることが多いです。

3. 筆記用具を配る

　セミナーなどでは筆記用具を持参していても、コンサート、見学会、屋外活動などでは筆記用具を持たない人が多いと思われます。そういう場合は、アンケート用紙に使い捨ての「クリップペンシル」を付けて渡すのも一案です。1本10円くらいです。「鉛筆をもらったから書かないと」と思ってもらえるでしょう。

4. 個人情報の保護に配慮する旨を付記する

　これは「団体の信頼度」にも関係することですので、必ず付記します。ただし、無用な不安感を与えるのもよくないので、小さめの文字で記しておけば十分です。

5. 回収場所を明記

　アンケートを回収する場所について、出口でスタッフに手渡すのか、回収ボックスをどこかに設置するのか、大事な個人情報を書いたものを受け取るのですから、きちんと書いておきましょう。

アンケートの例

アンケート

2023年5月5日「食育を考えるシンポジウム」

お帰りの際に受付に設置した「アンケート回収箱」に入れてください。

1. このシンポジウムの満足度はいかがでしたか？
   （該当するものに○をつけてください）

大変満足	満足	どちらともいえない	不満	大変不満
5	4	3	2	1

2. 何をご覧になってこのシンポジウムを知りましたか？
   （該当するものに○をつけてください。）

   ア　当会のホームページ　　イ　当会のメルマガ　　ウ　当会のFacebook
   エ　県や市の広報紙　　オ　その他（　　　　　　　　　　）

3. よかったと思われるものに○をつけてください。

   ア　基調講演「食育の歴史」　　イ　パネルディスカッション
   ウ　企業展示ブース

4. お気づきの点やご意見などがありましたら、ご自由にお書きください。

   _____

   お名前（必須）

   _____

   メールアドレス（必須）

   _____

   ご住所（当会からのお知らせなどお送りしてよい場合、
   　　　　お送り先をお書きください）

   ご協力ありがとうございました。

   NPO法人　健康な食生活を学ぶ会

   ＊いただいた情報は当会の個人情報保護方針にのっとり、厳重に管理し、当会からの
   　お知らせ以外の目的では使用しません。

6-5 開催チェックリスト

□ 予算計画を含めて、イベント開催に向けて緻密な計画を立てる
□ イベント開催の準備は「チェックリスト」を用意して団体内で共有する

> イベント開催は、ファンドレイジングでも大きな成果を挙げます。しかし、そのためには予算計画を含めて、イベント開催に向けて緻密な計画を立てる必要があります。そこで、イベント開催を準備していく際には「チェックリスト」を用意しておかなくてはなりません。

　イベントの規模によって準備期間は変わりますが、大きな予算と労力を要するイベント開催は念入りかつ周到な準備期間が求められます。準備計画では、会場予約、告知・広報（プレスリリースも）、協賛・後援依頼、登壇者依頼（出演者、司会者など）、参加申し込み手順、集客、ボランティア募集、終了後の参加者へのフォローなどを、全体スケジュールの中でふさわしい日程に落とし込んでいかなくてなりません。そして、それらが遅滞なくきちんと実施されているかのチェックが欠かせません。そこで、「半年間」でイベント開催を準備していく際の「チェックリスト」を挙げてみます。このチェックリストを基にして、イベントの実態に合わせて、タイムスケジュールを変更したり、項目を検討したりして、団体内で共有してイベントに備えてください。

チェックリスト

イベント実施4〜6カ月前

- ☐ 開催目的の決定（資金調達、認知拡大、支援者との関係強化などから優先順位付け）
- ☐ 責任者・スタッフ決定（開催委員会の設置）
- ☐ 日時の選定
- ☐ イベント形態の決定（セミナー、夕食会、オークション等）
- ☐ イベント名決定
- ☐ 会場選定・予約
- ☐ イベント開催に向けたスケジュール作成
- ☐ 費用の見積もりおよび予算獲得
  - 会場賃料 • 備品賃料 • 謝金 • 印刷 • 飲食代、等
- ☐ スタッフの役割分担
  - 広報 • 講師・来賓対応 • 集客 • 印刷物準備 • 会場設営
  - 記録 • ボランティアコーディネート • 予算管理、等
- ☐ 登壇者の選定・依頼・確定
- ☐ 協賛メニュー決定
- ☐ 協賛企業や団体の選定・依頼・確定

イベント実施3〜4カ月前

- ☐ 委員会の定期開催
- ☐ 登壇交渉
  - プレゼン内容、スピーチ内容の合意
  - 宿泊先および交通手段の手配
  - 登壇依頼書送付
  - 登壇承諾書の取得
- ☐ 登壇者プロフィールと写真依頼
- ☐ 参加費確定
- ☐ 参加費徴収方法の決定
- ☐ オンライン申し込みの準備
- ☐ 後援名義選定・依頼・確定
- ☐ 当日進行ドラフト作成

- ☐ 会場の下見（会場の管理者との打ち合わせ）
- ☐ 会場レイアウト作成
- ☐ 告知準備
  - イベント案内文章作成
  - ツール作成（チラシ、特設サイト、等）
  - スポンサー・後援団体のロゴの取得
- ☐ 告知開始
  - 特設サイトオープン
  - オンライン申し込み・決済ページ開設 　・定員管理
  - プレスリリースとマスコミ関係者の招待
  - Facebook イベントページオープン
  - 来賓へ招待状送付・出欠確認
- ☐ イベント後のフォロー計画策定
- ☐ イベント保険、ボランティア保険など申し込み
- ☐ ケータリングなど飲食メニュー発注

イベント実施1～3カ月前

- ☐ 委員会の定期開催
- ☐ 協賛金の入金確認
- ☐ 進行表（シナリオ）作成
- ☐ 登壇者の当日プレゼン資料データ受領
- ☐ 各種印刷物発注
- ☐ ボランティア向け指示書作成
- ☐ 登壇者へのリマインドと旅程確認
- ☐ プレスリリース
- ☐ 当日に向けて参加意欲を盛り上げるためにイベントページ、メルマガ などを適宜更新
- ☐ 非常時の連絡体制とバックアッププラン作成
- ☐ 当日持ち込み品のリスト化・購入

イベント実施1週間前

- ☐ 参加者名簿作成
- ☐ 飲食について業者に最終確認
- ☐ 当日必要な現金の確認と準備

イベント実施1日前

- ☐ 参加者にリマインドメール送信
- ☐ メディアの出席確認
- ☐ 当日持ち込み品の梱包・搬送
- ☐ 前日会場設営

イベント当日

- ☐ スマイル！
- ☐ 会場設営、音響、照明、空調のチェック
- ☐ 進行管理
- ☐ 登壇者・来賓出迎えと見送り
- ☐ 撤収は「立つ鳥あとを濁さず」

イベント後

- ☐ 最終的な参加者確認（参加費納付確認）
- ☐ 感謝・報告の手紙を送る
  - 協賛企業・団体
  - 後援名義者
  - 登壇者
  - 寄付者
  - ボランティア
- ☐ 参加者へのフォロー
  - 参加してくれたことへのお礼
  - 今後どのような参加、寄付、ボランティアなどができるかを明記
- ☐ 参加者アンケート実施と集計
- ☐ 支払い
- ☐ 委員会での振り返り

6-6　オンラインイベント

□ **オンラインでも参加感が得られるような演出が必要となる**

□ **通信トラブルへの備えが求められる**

□ **今後増えると思われる「ハイブリッド形式」のイベントでは、オンライン参加者が疎外感を感じないように対応すること**

> 2020年に始まった新型コロナの感染拡大の中で、Zoomのようなオンラインミーティングのツールが普及して、非営利団体の支援者コミュニケーションでも活用が進みました。当初は代替手段としてのオンラインイベントでしたが、どこからでも参加できる、場合によっては後日に視聴できるという利便性から、今後も、活動報告会、シンポジウム、研修などをオンライン開催する機会が増えると思われます。そこで、支援者拡大を企図するオンラインイベント開催についての留意点を解説します。

1. オンライン参加しやすい日時の設定

　まず、参加しやすい時間帯の設定が求められます。オンラインの場合、平日だと「自宅に帰ってから」という参加者が多いので、仕事帰りに参加してもらう対面型の夜のイベントより、30分から1時間遅めの開始がいいでしょう。あるいは、オンラインなら参加者は自宅から参加できるので、休日の開催がいいかもしれません。

2. 参加感の演出

　オンラインでは参加感が得られにくいので、意識的な演出が必要です。最初に、マイクのオンとオフの確認を兼ねて、皆で一斉に「こんにちは！」と声を出してもらったり、「今日のお昼に何を食べましたか？」をチャットに書き込んでもらったりするなど、イベント開始時に参加感を抱いてもらう工夫をするとよいでしょう。

イベント中にカメラをオフにしてもらう場合でも、最初は、できるだけ「顔出し」してもらうとにぎわいが出ます。司会者とじゃんけんをして、負けたらカメラをオフにしていくような遊びも面白いです。また、終了時には全員がカメラをオンにして、集合写真として、集合スクリーンショットを撮っておくと、イベント報告にも使えます。

3. 協力者の配置

たとえば Zoom では、グループ分け機能でグループディスカッションができますが、急にグループ分けされたり、何かご意見ありませんか、などと問い掛けられたりしても戸惑われてしまいます。そこで、事前に参加者の中から「協力者」を選んで、グループディスカッションの際の進行役、あるいは発言の口火を切ってもらう、率先してチャットに書き込んでもらう、といったお願いをしておくとよいでしょう。

4. 画面の統一感

登壇者が複数いる場合、それぞれの仕事場や家庭が背景に映るというのでは、パネルディスカッションなどの場合、バラバラ感が出てしまいます。肩書きと名前を入れた背景画面を用意して、それを背景に表示してもらうように準備しておくとよいでしょう。

5. 通信トラブルへの対応

まず、主催する団体側は、複数のホストを設定して、トラブルが起きても対応できるようにしておく必要があります。また、外部の登壇者がいる場合、開始前に顔合わせを兼ねて回線につなげてもらい、リハーサルをして、そのままつないでおいてもらうと安心です。

参加者には、事務局の電話番号、団体の Facebook や Twitter のアカウントへのダイレクトメッセージなどを「対応デスク」として告知しておくとよいでしょう。

また、主催者側でイベントを録画しておいて、「YouTube」の限定公開などで後日見られるようにすれば、回線トラブルなどで視聴が中断してし

まった人にも親切な対応ができます。

6. ハイブリッド開催

　高齢の支援者などで、Zoom などの仕組みが分かりにくくてオンラインイベントには参加できないという人がいることも忘れてはなりません。そこで、対面型とオンラインの「ハイブリッド方式」で開催するという方法もあります。オンラインイベントなら、遠方の支援者でも参加できるといった利点があるので、今後はハイブリッド開催が増えてくると思われます。

　ハイブリッド形式だと、オンライン参加の人たちが疎外感を感じるなどしがちです。開始前や休憩時間、あるいは会場参加者がバズセッションなどで意見交換するときには、理事や事務局スタッフなどがオンラインのグループに対応することで、オンラインでも参加できてよかったと感じてもらうようにしたいものです。

助成金

7

7-1 助成金についての考え方

☐ 助成金のメリットとデメリットを理解してから獲得の検討を行う

☐ 助成金は「初期投資」と考え、対象事業を助成終了後にどう継続するか、助成金申請時に構想を練っておく

☐ 予算・事業規模の大きい助成金事業は、申請時から団体内での合意形成が必要

> 助成金は「申請することで多額な資金が得られる」点で大変魅力的な資金です。しかし、せっかく助成金を獲得して喜んでいるはずなのに、「ウチは助成金貧乏で疲弊しています」という言葉も時々耳にします。そこで、助成金に挑戦するに当たり、押さえておくべき2つのポイントを確認します。

1. 助成金のメリットとデメリットの確認

助成金には、下記のようなメリットがあります。

1）まとまった金額が調達できる

年会費1万円の会員を新規で100人集めるのは容易ではありませんが、助成金なら申請書を出すことで100万円、あるいは1000万円規模の資金を獲得できることがあります。その点で助成金は、新しい活動に挑戦する際、または既存の活動を大きく拡大したい時に、「元手」として大いに役立ちます。

2）資金以外の資源が得られる

助成先となると、助成元の広報紙やウェブサイトで紹介してもらえる、あるいはイベント等で発表できる、といった広報の機会を得ることが多々あります。これは、助成元としても、「いかに素晴らしい団体を支援しているか」をアピールすることで、助成団体に資金を提供している人たち、

すなわち、民間団体なら寄付者や企業に対して、行政なら納税者に対して説明責任を果たすことになるからです。また、助成元が保有する会議室やホールなどの使用が許可されることもあります。これも、資金以外の貴重な資源の提供になります。さらに、助成元にとって、その団体を採択した責任、助成元を支援している人たちへの責任として、助成事業を無事に成功させることが重要です。そこで、助成が決定すると、担当者がつきます。申請書通りに活動が行われているか、事業の進捗状況をチェックする「お目付役」でもあるのですが、これまでにいくつもの案件をこなしてきた経験からのアドバイスは、団体にとって貴重なものとなります。こうした人的資源を得られるメリットもあります。

3）信用度が増す

　事業の社会的な意義に加えて、事業の遂行能力、安定した組織基盤、会計の透明性などが審査された上で採択されたということで、団体の社会的な信用度が増します。このことが、企業からの寄付や、新たな支援者の獲得に役立ちます。

　他方、残念ながら以下のようなデメリットもたくさんあります。

4）予算の使い道が限られている

　助成金は、申請書に書いた予算の項目と金額に制限された資金です。また、多くの場合が「事業助成」で、職員の人件費、事務所の家賃等の管理費は助成の対象になりません。事業を行うための資金は調達したが、その事業を実施するために予想外の残業代が膨らんでしまったり、新しく職員を雇用せざるを得なくなったりして想定外の人件費が生じた場合、まとまった資金を調達したにもかかわらず、「助成金貧乏」になりかねません。
　また、採択されたいがために予算を低めに提出してしまうと、実際に告知のための印刷代がかかったり、事前打ち合わせのための旅費がかかったりと、助成事業の費用が予算を上回ることにもなりかねず、資金繰りに苦労してしまいます。

予算をきちんと算出することに加えて、「予算に盛り込めない出費」についてもきちんと予測しておかないとなりません。

5）事業を行う期限がある

「事業の延長」が認められるケースはほとんどありません。採択されると契約書を交わしますが、そこにある「事業期間」、会計報告を含めた「事業報告書の提出期限」は、助成元の会計処理のルールに合わせて設けられており、融通の利かないものです。「準備に手間取ってしまって」とか「他の事業が忙しくなって」といった言い訳は通りません。事業が終了しなくて、助成金がもらえなくなるとか、事前に受け取った金額を返納しなくてはならなくなるといった事態にもなりかねません。

また、期限に追われて、当初の目標を達成できないような結果に終わってしまったら、なまじ助成金を得たことで、団体の評判を落とすことになります。

また、助成事業の実施に追われて、長年成果を挙げてきた既存の事業が滞ってしまったら、文字通り「本末転倒」になってしまいます。既存の事業の計画と同時進行させることを前提に、詳細かつ余裕のある実施計画を立てなければなりません。

6）終了後の事業継続が困難なことも

「まとまった資金を単年度で使い切る」という助成金の性格から、その後の事業継続が困難になりがちです。あらかじめ、終了後にどうするのかをよく考えておかないといけません。継続助成が可能であっても、数年で終了することが一般的であり、永遠に助成されるものではありません。助成金については、「初期投資を受ける」と考え、それを元手にして立ち上げた事業、拡大した事業を、助成終了後にどう継続していくのか、助成金申請時に出口戦略を練っておかないとなりません（「7-2 出口戦略」で解説します）。

7）自己負担金が求められたり、精算払いの場合に立て替えが必要だった

りする

　募集要項に「自己負担 20％」とか「80％助成」といった文言が書かれている場合があります。1000 万円の事業を申請したら 800 万円の助成金が出るということです。この場合、「では、節約して 800 万円で終えたら自己負担はないのか」ということではありません。もし、最終の会計報告で 800 万円の支出であったら、640 万円が支給され、160 万円が自己負担となります。団体に自己負担分の支払い能力があるかどうかは大事なポイントです。

　事業終了後に助成金が支払われる助成金プログラムも多々あります。そのような助成金を獲得した場合は、事業を行う過程で生じる支出については立て替え払いをしなくてはなりません。その経済的な余裕が団体にあるか、申請前に確認しておく必要があります。助成金が採択されていて、入金日も決まっているということで、金融機関からの融資が受けられることもあります。「NPO 融資」として無担保融資といった優遇措置が取られている場合もありますが、それでも、誰が保証人になるのか、金利の負担はどのくらいの金額になるのかなど、あらかじめきちんと検討しておかないといけません。

8）事業・会計報告等の様式が決まっていて、負担が大きい

　助成元に対する事業・会計報告義務は必須です。会計報告の様式も、「全ての領収書のコピーを支出項目と対応させて添付せよ」というようなルールが設けられていたり、「航空券は購入の際の領収書に加えて、搭乗証拠となる搭乗券も添付せよ」といった細かい指示があったりします。これらの様式が団体のものと合致していない場合、とりわけ会計担当者には大きな負担になります。また、中間報告会、事後報告会等での発表が義務付けられている場合もあります。その準備も職員にとっては負担となります。事業終了後の報告書にも提出期限や書式等が決められています。こうした事務作業負担の増加についてもあらかじめ覚悟しておかないといけません。

　助成金はとてもありがたいものですが、こうしたデメリットもよく理解

した上で申請をしないと、せっかく獲得しても「こんなはずじゃなかった……」となってしまいます。

2. 団体内の合意形成

　助成金が本当に必要なのか、よく考えて団体内で合意した上で申請する必要があります。まとまった金額が入ってくる助成金ですが、事業実施に際して既存の業務に加えての負担がかかるのですから、なぜこうした資金が必要なのか、助成事業が団体のミッション達成にどう結び付くのか、どういう人員体制で取り組むのか、事業終了後はどうするのか、といったことについて団体内での合意形成を図る必要があります。

　団体内の合意形成がないと、せっかく助成金が取れたとしても、「こんなのは、やる必要ない」「忙しくなって嫌だ」「私は聞いていないから関与しない」といった声が団体内から上がり、組織を混乱させることになってしまいます。その結果、臨時に助成金事業用のスタッフを雇用して事業を行うことで解決を図るなどすると、そこで培われた能力やネットワークが事業終了後に団体に残らないことになってしまいます。

　財政状況の改善や事業の発展を企図して、事務局長が自分の判断だけでいくつもの助成金申請を書くなどしがちです。その結果、幸運にも採択されたものの、理事会は協力してくれない、スタッフはやりたがらない、会員は、そもそもの事業計画にないものをやることに納得しないといった状況に陥るかもしれません。「こういう事業に取り組むために、助成金を申請する」ということを関係者間で共有して、あらかじめ合意を得ておかないといけません。

7-2 出口戦略

☐ ほとんどの助成金は単年度で終わるので、申請する段階で、終了後の
「出口戦略」を練っておく必要がある

☐ 助成金が終わった後の「穴を埋める」ことを考えるだけではなく、助成
金を得た実績を、寄付、会費、事業収益、他の助成金獲得など、団体の
資金調達全般に生かす

> 助成金を団体の持続性と発展に生かすためには、できれば申請時に、遅く
> とも採択決定時には、出口戦略を考えておく必要があります。出口戦略に
> は2種類あります。1つは、助成終了後の事業を継続するために必要な資
> 金を、どう調達していくかという戦略。もう1つは、いかに助成実績をそ
> の後の団体の財源獲得に生かして団体を発展させていくかという戦略。こ
> の2つの出口戦略を解説します。

1. 助成終了後の事業を継続するために必要な資金を、どう調達していくか

　もし、助成金で地域にお年寄りの居場所をつくって、楽しい集いを行ってきたけれど、次年度には助成金がないため居場所の家賃が払えなくて終了しますということになったら、それを楽しみにしていた方々はどうなってしまうでしょうか。そんなことにならないためにも、あらかじめ、終了後にどうするのかをよく考えておかないといけません。

　これは、言い換えれば、助成終了後に助成金の「穴」をどう埋めるのかということです。ここで、あらためて中期計画の重要性が問われます。中期計画は、財源・活動・組織を一体的に考えて、1年後、2年後、3年後にやるべきことを決めるものですから、助成を受けて立ち上げた事業を、中期的に活動の中のどこに位置付けて、その経費をどこから捻出するのかについて、助成金を得た時点から考えなければなりません。

さらに、団体にとって大きな規模の助成金によって新規事業に挑戦する場合、団体運営への影響が大きいので、助成金に挑戦する段階で、助成金が得られた場合と得られなかった場合の2案で中期計画を立てておくことも必要です。

一方、助成事業には、継続性のない単発的なものもあります。例えば、海外から有識者を招いてシンポジウムを開催する、といった一度限りの案件への助成です。それでも、「助成金は投資と考える」ことから、その成果を何らかの形で活動の中で展開していくことが求められます。例えば、シンポジウムを通じてつながった国内の団体とネットワークをつくって定期的な勉強会や意見交換会を行っていくとしたら、単発的なイベントへの助成金が将来にわたって多くの価値を生み出すことになるでしょう。そこで、単発的な事業でも、それを次年度以降の活動にどう位置付けて、誰が担当者して、どう予算化するかを考えておかねばなりません。単発案件においても、中期計画の中に助成実績を反映させていくという出口戦略が求められます。

2. 助成金の実績を、その後の資金調達にどう生かしていくか

申請から実施まで、助成事業に注力した実績を、ぜひ各種財源の調達につなげてください。

1）事業収益につなげる

将来的に事業収益を目指していく助成金であれば、収益につなげていくための事業計画を、助成期間中から、もっと言えば申請の段階からしっかりと立てておかなければなりません。

たとえば、障害者の自立を目指して、「小規模作業所の業務用オーブンの購入」といった助成金であれば、業務用オーブンの設置前には、少量のクッキーを作業所の入り口で販売するだけで精いっぱいだったとして、これからは、品数も量も増やせるのですから、地域の食料品店や道の駅などで売ることも可能になります。しかし、そのためには、販売協力依頼の営業をしなければなりませんし、材料費、光熱費、運搬経費、包装経費など

の出費も増えます。しっかりと損益を考えて事業計画を練っておかないと、赤字になって、せっかくの事業拡大が頓挫しかねません。

また、イベント開催系の助成金の場合、助成期間中は無料だった参加費を有料化する方法があります。たとえば、「地域の小学生のための親子防犯教室」を助成金で立案し1回目を参加費無料で実施して、次年度からは有料で実施していくとします。有料でも参加してもらうためには、それなりの価値を付ける必要があり、学区域別登下校ルート安全マップ、安全のしおり、というような「役立つ持ち帰り資料」を作るところの費用まで盛り込んで助成金を得ておけば、収益化が望めるでしょう。

2）寄付・会員拡大につなげる

助成金を得たということは、社会的な信用になりますので、助成事業を行っていることをしっかりと発信してください。「助成金を取っているなら寄付や会費なんて不要だ、と思われたら困る」と考えるのではなく、団体支援に不可欠な信頼性のアピールにつなげます。

そのためには、採択時には、助成によって新しいチャレンジに取り組むことを宣言して、実施中には、イベント参加など具体的に協力してもらいたいことがあれば広く募り、折々に進捗状況などを報告してください。そうしておくことで、助成終了後の活動継続を寄付によって取り組むことも可能になります。信頼性が高まって、正会員や賛助会員といった、団体全般を支援してくれる会員の拡大以外にも、事業内容によっては、当該事業を使途指定する形の「継続寄付会員（マンスリーサポーター）」プログラムの開始につなげることもできるでしょう。先の小規模作業所の業務用オーブンの例なら、「クッキープロジェクトサポーター」といった形でのマンスリーサポーター制度をつくることも可能でしょう。

3）他の助成金につなげる

多くの助成金申請書には、過去の助成実績を記入する欄があります。1つの助成事業を完了した実績は、事業実施能力と信頼性の証しとなり、助成金審査において有利となります。実際、助成事業は申請から最後の報告

まで、ルールや期限に縛られながら組織一丸となって取り組むことから、団体にとっていい経験になります。そこが審査の過程で評価されるので、小さな助成金実績でも、実施年度、助成元、プログラム名と事業名を記入欄には必ず書きます。また、助成実績記入欄がない場合でも、団体の事業概要を書く欄などに補足説明として書くといいでしょう。

7-3) 申請から採択まで

ポイント

□ 団体に合った助成プログラムを探す
□ 申請書作成時には、募集要項をよく読む
□ 利益相反に注意
□ 申請書は、審査員が理解しやすい文章で書く
□ 申請内容は、予算も実施計画も無理のないものにする
□ 採択後は、財団担当者との良好なコミュニケーションに努める
□ 助成金事業を行っていることを公表する

> 助成金の申請について、団体内の合意形成が得られたら、いよいよ申請作
> 業に入ります。ここでは、申請から採択までの過程で留意すべき７つの点
> を解説します。

1. 団体に合った助成プログラムを探す

　世の中に、さまざまな助成金がある中で、自分たちの活動に合った助成
プログラムを見つけることが大切です。団体の活動やミッションに合致し
ているプログラムなら採択の可能性も高くなります。どんな助成金がある
のか、平素からチェックをして見逃さないようにしなくてはなりません。
多くの助成財団が加盟して、その情報提供を行っている「助成財団セン
ター」のウェブサイトは、全国の助成プログラムについてのデータベース
から、事業形態、事業分野、募集時期、助成するテーマ・課題などをキー
ワードから検索できるようになっていて、とても便利なものです。(助成
財団センター：http://www.jfc.or.jp/)

　行政からの助成、いわゆる補助金については、自治体のウェブサイトに
必ず公募の案内が出ます。関連部署のページを時々閲覧して確認する、自
治体の広報紙に目を通すといったことで見逃さないようにしましょう。

　多くの助成団体は、毎年、定期的に公募を行う助成プログラムを実施しています。「知らなかった！」「申請期限に間に合わなかった！」とならないためには、平素から情報収集をしておくことが大切です。次項で解説する「募集要項」を早めに入手するためにも、定期的に助成金情報をチェックする必要があります。

2. 募集要項をよく読む

　申請に際しては、募集要項を精読しましょう。その上で、申請するかどうかを最終的に決めます。

　募集要項では、下記について特に確認しましょう。

1）募集期間
2）募集内容
　　　①対象となる団体（法人格など）
　　　②対象となる事業
　　　③助成金額（上限や補助率など）
　　　④対象となる経費
　　　⑤事業実施期間
　　　⑥支払い時期
　　　⑦報告について
3）申請から採択通知までの手続きの流れ
4）申請書書式（多くの場合、ネットからのダウンロード）
5）説明会の日程

　これらに加えて、「まえがき」などで、助成する財団などの団体が目指していること、プログラムの目的などが書かれています。それらもしっかりと読み込みます。そもそも、助成元が何を目的にしてそのプログラムを実施していて、どのような団体に助成したいのかを理解しないと、採択される申請書は書けません。
　また、募集要項で説明会の日程が案内されていたら、ぜひ参加しましょ

う。あらかじめ募集要項を読んで、質問事項などを準備して不明点などを明確にしておくとよいでしょう。募集要項には「審査基準」が書かれていることもあります。その場合は、この基準を理解して申請書を書くことが求められます。

3. 利益相反に注意

　申請に際しては、利益相反への注意も必要です。利益相反が問題視されるのは、1人の人間が2つの役割を持つ場合です。助成金申請に関して想定される利益相反には下記の2つのケースがあります。

ケース1：団体の理事が、申請先の助成財団の理事も務めている場合

　理事の利益相反について、その根拠となる法律は、「一般社団法人及び一般財団法人に関する法律」の84条と92条で、事前もしくは事後の理事会への報告と理事会での承認が求められています。

　地域コミュニティ財団などでは、その地域の非営利団体の理事が財団理事に就任しているといったケースが多々あります。

　ほとんどの助成金申請の際に、添付書類として申請団体の理事名簿の提出が求められます。そこで、もし助成財団の理事との重複があった場合は、たとえ選考委員会で選ばれたとしても、採択前に財団理事会で承認の手続きが必要となります。

　一方、そもそも重複する理事がいる団体は審査対象外にすると決めている場合も多いので、無駄な申請をしないためにも、あらかじめ自団体の理事の兼任先をチェックしておく必要があります。

　助成金申請は事務局主導で行われることが多いのですが、もし、申請先との兼任理事がいたら、まず申請の可否を確認して、申請可能ということであれば、利益相反について問題視されないために、申請書類にその旨を付記する必要があるでしょう。

ケース2：団体の理事や職員が選考委員を務めている場合

　選考委員が理事を務める団体は申請できないというルールを設けている

場合が多々あります。あるいは、選考会において、自分が理事であったり職員であったり、あるいは、かつて職員として所属していたといった「関係者」であったりする場合に、その旨を選考委員会で伝えて、その団体についての審議から外れるといった対策を講じている助成プログラムもあります。

　助成金に関しての利益相反が懸念される場合のルールと手続きについては、助成する側がしっかりと決めておく必要があります。同時に、申請する側も利益相反に留意して、定期的に役職員と助成財団の関わりをチェックして、無駄な申請をしたり、採択後に疑問視されたりすることがないようにしてください。

4. 理解してもらえる申請書を書く

　審査員が必ずしも事業内容についての専門家とは限りません。最近は「一般審査員」等を公募する場合もあります。分かりやすく簡潔な文章で、事業の目的や内容を書かないと、せっかく申請しても、その意義を理解してもらえません。もし専門用語を使う必要があるなら、必ずその説明を簡潔につけましょう。審査員は短時間でたくさんの申請書を読むため、分からない点や用語があっても調べる余裕はありません。「よく分からないまま」にされて採択対象から外されないようにしましょう。

　申請書類は、できるだけ多くの人にチェックしてもらいましょう。スタッフはもちろんのこと、ボランティアなどにも読んでもらって、分かりづらい点などを指摘してもらいます。もちろん、書式（文字数）、添付書類、提出期限などを厳守しないと、どんなに良い申請内容でも審査の対象から外されてしまうので要注意です。

5. 無理のない申請を行う

　採択されたいと考えると、ついつい団体がやれること以上の内容を盛り込みがちです。それでは採択されてから苦労してしまいます。特に、予算策定では、助成元のルール（科目・上限額）に合わせて、きちんと積算して細かい出費を計上するようにします。

　また、実施計画も無理のない内容にしないと、他の事業が停滞してしまって支援者を失望させることになりかねません。頓挫してしまって助成金を返納するなどという結果になったら、団体の信用を大きく損ないます。

6. 担当者と良好な関係を築く

　助成が決まったら、まずは助成元へ挨拶に行き、担当者と友好な関係を構築することに注力しましょう。事業実施過程では、困難や変更したいことなども生じます。そんな時に平素から良好な関係を構築していれば、変更が認められたり、アドバイスを得ることができたりして解決できます。

　先方に出向く面談以外にも、活動現場に招待したり、助成事業以外の活動についても折々報告したりしましょう。

　担当者のことを「お目付役」と考えてうっとうしがっていたら、その気持ちは相手にも伝わり、資金以外の資源（広報の機会、保有施設の使用など）について、よいサポートやアドバイスはもらえません。

7. 採択されたことを公表する

　助成について正式な契約が交わされたら、助成事業についてウェブサイト等で公表します。助成元からの条件に「ウェブサイトに助成財団のロゴを掲載する」といった項目がある場合が多いのですが、そういう指示がなくても、助成金を受けていることは団体の信用を増すことにつながりますから、公表しましょう。時々「助成金なんかもらっていて資金が潤沢だって思われたら、寄付が集まらなくなるのでは？」という懸念の声を聞きますが、それはありません。助成金を受けるような信用できる団体だからこそ、支援しようと思ってもらえるのです。

7-4 申請書に盛り込むべき要素

□ 助成金申請書には必ず盛り込むべき要素がある。申請書に該当する項目がなくても、関連項目や備考欄に必ず書く

□ 日頃から新しい事業のアイデアを文章にしておくと、助成金応募の際に活用できる

> 助成金獲得の第一歩は、助成元にきちんと意図が伝わり、「この団体に助成したい」と思わせる申請書を作成することです。申請書に欠かせない8つの要素について解説します。

1. 申請書に盛り込むべき内容

助成金を申請して採択してもらうためには、申請に当たって団体内で合意をし、事前に詰めておかなくてはいけないことを明確にした上で、申請書を作成しましょう。具体的には次の観点から申請書に盛り込むべき要素を準備しておくとよいでしょう。

また、申請書類を作成し、団体内で確認して提出するまでには余裕をもったスケジュールで取り組むことが重要です。慌てて提出すると間違いなども起こりがちです。

全体的な観点から

1）事業名
2）背景
3）目的
4）助成事業後の展開

運営上の観点から

5）目標

6）計画

7）成果物

8）予算計画

　各要素にはそれぞれポイントがあります。なお、上記の要素のうち、事業名、目的、計画、予算、団体概要は申請用紙内に該当する項目があるのが一般的ですが、もし申請用紙に上記要素に該当する項目がない場合でも、関連項目や備考欄に適宜記載するようにしましょう。

1）事業名

　事業名を見ただけで、申請する事業内容が分かるものにします。

　審査員は膨大な数の申請書類を読まなければなりません。タイトルを見るだけで「これに取り組むことで、喫緊のこの課題が解決する（あるいは、こうした効果が出る）」ということが分かるようにしておくと、申請内容への理解が早まります。例えば、「（ア）による（イ）事業」といった構成で、（ア）には事業で取り組むことを簡潔に表す文言を入れて、（イ）には何を実現するかを「…推進事業」「…普及事業」「…啓発事業」「…育成事業」というように表記するのも一案です。

2）背景

　①申請する事業と関連する喫緊の課題について概略を記します。いわば事業における「大義名分」は何かを示します。

　②①の裏付けとなるような各種調査結果などのデータから適切に数値を引用して客観的な根拠を示します。その際、公的調査など、調査自体の信頼性が高いものを用いると説得力が増します。

　③申請する事業における自団体の活動や実績を記します。その際、すでに手掛けている事業であれば、具体的な成果なども数字を挙げながら説明できると効果的です。

　④申請する事業において、類似する事例があったり、他の団体が同じような申請を行ったりすることが考えられる場合は、他団体と異なる自団体

の強みや経験、先駆的なポイントを考えてアピールしましょう。

3）目的

　①事業目的は、助成金を得ることで具体的に達成できると見込まれることと、社会的な課題となっていることが具体的にどのように良くなるのかについて、団体の「思いと志の高さ」を感じさせる文章を書きましょう。

　②助成金を得て行う自団体の活動が助成元の目指す社会像の実現に貢献することも具体的に書き添えましょう。

4）助成事業後の展開

　①継続的に申請事業を自主的に実施するかどうかを考えて、もし実施する場合は、その財源について示しましょう。せっかく取り組むわけですから、単発の事業で終わることは避けたいものです。中長期的な展開も考えて申請するようにしましょう。

　②単発事業で終える場合も、事業に取り組んだ成果を今後の団体の事業にどう生かすかを明記しましょう。

　③助成金を得て行った事業の成果は独占するのではなく、他の地域、他の団体、他の分野へ展開可能性があることも、具体的に記しましょう。

5）目標

　目的を戦略的に行うための具体的な目安を示します。最終的な評価を行う際に、目標が明示されていなければ、成功であったか不成功であったかを決めることができません。あまり高すぎる目標では実現性に欠けますが、低い目標では、助成元は納得しないでしょう。適切な目標設定が重要です。例えば、事業によって成果が見込まれる受益者数や参加者数といった数値目標を盛り込みましょう。

6）計画

　①設定した目標に基づき、いつまでに、誰が、何をするのかを具体的に書き込みましょう。これが採択された際に具体的な行動計画となります。

充実したものにすることはもちろんですが、いたずらに理想を追い求めすぎず、自団体の能力を見極めて、無理のない計画を立案します。

②意欲的に取り組む事業ですから、これまで取り組んでこなかった課題に詳しい有識者や専門家などへの打診を行い、事業への参加を求めましょう。その際、アドバイザリーボード（有識者委員会）を設置したり、講師として招聘したりすることが有効です。こうした取り組みにより、事業の質向上のみならず、事業の継続性が高まります。

7）成果物

①事業の成功を目に見える形で残す必要があります。そこで成果物として、事業の報告書やパンフレット等の印刷物にまとめたり、その一部をPDF化したりして、団体のウェブサイトに掲載することは重要です。

イベントなどを行った場合は、当日の様子や参加者の声、シンポジウムや講演会などを行った場合は、登壇者や講師の発言録、会場の写真などを記録しておいてまとめましょう。助成元も助成金を出すことによって生まれた成果を、自分たちの支援者や社会に伝える必要があることを忘れないようにしましょう。

②成果物の作成と公開・配布には経費がかかります。予算化を忘れないようにしましょう。テープ起こしの代金や印刷・製本料、デザイン料、発送費などがかかる場合もあります。事前に印刷会社やデザイナー事務所に打診し、見積もりを取っておくとよいでしょう。また、成果物については、次年度などに持ち越さないようにして、事業完了直前に公開・配布する計画で進めましょう。

8）予算計画

①募集要項が示す費目や金額をよく読み込み、計上していきます。その際、細かい積算根拠を検討し、詳細に記入します。これは計画的な実施を行うための基礎ですので、ここで大雑把に計上をしてしまうと事業の報告書を書き上げる際に苦労することになります。

②助成の種類によっては、人件費などが認められなかったり、間接経費

が計上できなかったりする場合もありますが、もし可能であるならば、「雑費」や「一般管理費」などの費目も念のため計上して予算に機動性を持たせるようにしましょう。

　③細かい出費を計上しておくと、後から苦労をしなくて済みます。例えば、イベント時の当日配布資料や各種送付状等を事務局でリースしているコピー機で印刷すると、予想以上のカウンター料金（１枚○○円）がかかることがあります。また交通費も、イベント当日等には、遠方でなくても荷物搬入・搬出にタクシーやレンタカーを使用する場合もあります。そういう費用も計上を忘れがちです。

2. 申請書類提出前にチェックすべきこと

　申請書を書き終えたら、客観的な観点から、単純なミスがないか、見落としている項目がないかを必ずチェックしましょう。その際、記述した固有名詞や数字で間違いがないかといった誤字脱字のレベルから、申請計画全体の中で整合性が取れていないところはないかといったことを団体内の別の人に見てもらったり、事業計画にアドバイザーとしてかかわってくれる専門家にもチェックを求めたりするなど、余裕をもって提出できるように準備をしましょう。特に確認すべき点は、下記の３点です。

　①事業内容、計画、予算が連動しているかを確認する。
　②文章を推敲し、分かりやすい表現となっているか、誤字脱字がないかを確認する。
　③活動の専門外の人に理解できる内容かどうかを確認する。必ずしも事業内容に通じていない家族などに読んでもらうとよい。

　内容、計画、予算に食い違いがあると、審査に通りません。そのためのチェックは何度も行うようにしましょう。また、思いが強すぎて文章の内容が独り善がりのものになっていないか、複数の視点でチェックしてみてください。

新規事業アイデアメモのサンプル：日頃から新しい事業のアイデアを文章化しておくと申請の際に活用できます。

◆事業名：空き店舗を利用した託老所の開設による高齢者外出支援事業

◆目的：
　20XX年度国民生活意識調査によれば、「日常生活で楽しみにしていること」の問いに対して、70歳以上の高齢者の約8割が、「家族との外出」と答えている。しかしながら、家族にとって、高齢者との外出は、高齢者のペースに合わせたものとなるため、日常的に行うことは困難である。当法人が運営している＊＊地域のデイケアサービス利用登録者数△△人に対してのアンケート調査では、通院などを除いた、娯楽性の高い家族との外出（買い物や食事）について、「月1回以下」と答えた人が○○人、約8割となっている。
　そこで、当法人が活動拠点をおく＊＊地域にある郊外型ショッピングセンターの空き店舗内に、高齢者の一時預かり所を開設する。このことにより外出時に高齢者を一時的に預かり、その間は家族が高齢者を気遣うことなく買い物などを行うことが可能になる。結果的には高齢者とその家族が行動を共にする機会を増やし、高齢者の生活向上を図る。

◆事業内容：
　20XX年△△月を目途に、○○ショッピングセンターにある空き店舗に談話室と和室とトイレを設置。午後1時から6時の5時間、介護ヘルパー3級1人、他2人を常駐させ、1時間1000円で高齢者を預かる。基本は予約制で各時間帯の定員は5人とする。初年度の目標は平日20人、休日25人。

◆資金調達プラン：
開設費は助成金から500万円
・空き店舗はショッピングセンターから無償貸与：0円
・改装費＋備品（什器）：400万円
・マニュアル作成・告知などの開設前準備：100万円

◆予想される成果：
　高齢者が家族と外出しやすくなることで、高齢者の生活向上が図れる。また、高齢者と同居している人たちが、高齢者を伴って買い物に出かけることを支援することで、商店街の活性化が図れる。
　隣接市にも同様のショッピングセンターがあるので、将来的にはそこでも事業展開したい。それらの成功事例ができた後は、見学会なども行い、そのノウハウを全国の高齢者支援団体に公開して提供する。

7-5 公開プレゼンテーション

- □ 助成金審査の公開プレゼンテーションでは、態度や物腰で好感度を上げること
- □ 団体内の責任ある立場の人が参加して本気であることを示す
- □ プレゼンテーションは、写真や図表で視覚に訴える
- □ 想定問答集を作成しておく

> 事務局の書類審査、審査会での議論を経て、最終審査の前に、一定の候補者数に絞って公開プレゼンテーションが行われる場合があります。公開プレゼンテーションに挑む際の留意点を5つ挙げます。

　最近の助成金審査の過程では、最終審査過程にプレゼンテーションが入っている場合が少なくありません。審査員だけを対象にしたものから、大きな会場で一般に公開するもの、中には来場者からの評価も最終審査で考慮されるといったものもあり、規模はさまざまです。申請書だけでは分からないことを確認するためにもプレゼンテーションを課題としている審査会が増えています。プレゼンテーションは、多くの場合、決められた時間内でパワーポイントなどによる団体紹介と申請事業の説明を行い、質疑応答を経て終了します。審査会の議論で「高得点」だった案件が、プレゼンテーションの後に落選してしまったというケースも少なくありません。綿密な準備と万全の体制で挑まなくてはなりません。

　具体的には以下の5点に留意してください。

1. 好感度を上げる態度と物腰

　審査を受けるからといって、恐れる必要はありません。しかし、現実的に「審査していただく」という立場ですから、きちんとした服装、礼儀、態度で臨むことが「良い印象＝好感度」を上げることになります。

　審査過程では、この団体は、事業を通じて社会を変えるために、広く社会から共感を得ていくことができるだろうかという点も審議されます。助成事業を通じて団体と接点を持った人たちに「応援しよう」「一緒に課題解決に取り組もう」という気持ちになってもらえるかが重要です。それがなかったら、助成金交付によって社会を変えていくという助成元の目的は果たせません。ごくまれにですが、質疑応答の際に「審査員は素人だから何も分かっていないな」といった横柄な態度を取る人がいます。審査員であっても感情的になりますし、「こういう人たちに社会的な活動を任せられるか」という点に疑念を持たれてしまいます。また、悪気はなくても、緊張すると表情がこわばって怒っているように見えることもあります。そうならないためにも練習を積んで、リラックスしてプレゼンテーションに臨みましょう。

　なお、服装はスーツ姿でないとしても、社会通念上、失礼のないものにしましょう。プレゼンテーションの際に活動現場でのラフな服装や制服で登壇する人もいて、注目されることもあります。ただ、その場合は「これが私たちの活動姿です」という説明が必要です。

2. 本気度を表す

　実際の説明者は実務担当の若手スタッフでも構いませんが、やはり団体の責任のある立場の人が出てくることで審査員は団体の「本気度」を感じます。若手スタッフ1人が来場して話すのを聞いて、審査員が「これで、上司や他のスタッフは協力するのだろうか」と不安になるようなことがあってはいけません。団体のスタッフ大勢で来て自己紹介に手間取るというのでは本末転倒ですが、団体紹介は理事長や事務局長クラスが行い、申請内容の説明は若手スタッフが行うといった流れがよいでしょう。

3. 持ち時間に注意

　1団体当たりのプレゼンテーションの持ち時間は、公平を期すために限りがあります。「チーン」とベルが鳴って、説明が途中で終了というのでは困ります。1人で原稿を読んで練習するのと、大勢の人の前で話すので

は、時間のかかり方が異なります。また、ついつい追加説明をしたくなって予定外のことを話しているうちに時間切れというような結果もあります。必ず時間内に終えるように、内容を見直し、練習を重ねましょう。

4. 視覚的に訴える

　審査員は、申請書を熟読した上でプレゼンテーション団体を選んでいます。また、会場に一般審査員がいる場合も基礎的な資料は渡されています。ですから、活動現場を表す写真、事業実施体制が一目で分かる図、事業の流れを表すチャートなど、視覚的なものを用意して、さらに共感を高めてもらうことが効果的です。

　ここで大切なのは、「誰の笑顔のための事業なのか？」を印象付けることです。社会の課題の深刻さを示すことは大事ですが、「これまで、自分たちは一生懸命やってきたけど、がんばっても成果が上がらず、結局、疲れ果て、周囲は不幸な人ばかり……」という流れでは事業に希望が見いだせません。「こういう人たちの笑顔のために！」と、ポジティブな結末を予感させる画像も用意してください。また、全てのプレゼンテーション審査がスライド投影で行われるわけではありません。応接室や小さい会議室で行う、ヒアリング形式のプレゼンテーションでは、手元に資料を配布し、その資料を見ながら話を進めるということもあります。事前に発表形式を事務局に確認しておきましょう。

　ただ、助成金審査の「公開プレゼンテーション」では、広い会場で前方のスクリーン上にスライドを投影して説明するのが一般的です。他の団体がスライド投影する中で、スライドなしで説明するのは、よほどの話術がない限り無理があります。視覚的な情報と言葉を合わせることで訴求力も高まります。

5. 視覚的に訴える

　ほとんどの場合、プレゼンテーションの後に質疑応答の時間が設けられています。審査員が事前にどのような点を質問するのかを委員会内で相談している場合もあります。申請書で分からなかった点、より詳細な説明が

欲しい点などを質問事項として用意していたり、プレゼンテーションを聞いてから、新たな質問として出してきたりする場合もあります。しかし、審査員が突飛な、あるいは無礼な質問をすることは滅多にありません。ですから、想定問答集をきちんと作っておけば慌てることはないでしょう。想定問答集を作る過程で、申請書の説明が不足している点が見つかることもあります。これは、プレゼンテーションに盛り込めば解決する問題です。事前に、質疑応答の部分も忘れずに練習しておいてください。

　練習は誰かに「審査員」になってもらい、実演を聞いてもらってチェックしてもらうとよいでしょう。

審査員になった気持ちで聞いてみよう！

以下をチェックしてください。
改善した方がよい点があれば指摘してください。

■何をやりたいのかがよく分かりましたか？
　　　はい　　だいたい　　一応　　いまひとつ　　今日のところはちょっと

■なぜ、そういった事業が必要なのか納得できましたか？
　　　はい　　だいたい　　一応　　いまひとつ　　今日のところはちょっと

■事業の将来性が感じられましたか？
　　　はい　　だいたい　　一応　　いまひとつ　　今日のところはちょっと

■事業のイメージが湧くような言葉で説明されていましたか？
　　　はい　　だいたい　　一応　　いまひとつ　　今日のところはちょっと

■助成してあげたいという気持ちになりましたか？
　　　はい　　だいたい　　一応　　いまひとつ　　今日のところはちょっと

不採択になったとき

ポイント

□ **助成金が不採択になったら、その理由を把握して次につなげる**
□ **申請書は他に転用できるので、検討した内容は無駄にはならない**

> 助成金申請をした結果が「不採択」になった時、次につなげるためにする
> べきことはあります。何よりも「転んでもタダでは起きない」心意気が大
> 切です。

　助成金申請をした結果が不採択になった時に、不採択通知書を破り捨て
たり、審査員の顔を思い浮かべてイラッとしたり、世の不条理さに涙した
り、上司に伝えづらくて早退したりといった経験をした人は少なからずい
ます。一生懸命考え抜いて仲間と力を合わせて申請した結果がダメとなれ
ば、その瞬間、大きく動揺するのは仕方のないことです。しかし、落胆だ
けでは努力が水泡に帰してしまいます。

　では、具体的に何をしたらよいのでしょうか。不採択通知を受け取った
直後から見ていきましょう。

1. 審査をしてくれたことへのお礼状を出す

　多くの不採択通知は事務的な内容でそっけないものですが、ここは「大
人の対応」としてお礼をもって返信しましょう。申請するのは大変な作業
ですが、審査も決して安易になされているのではなく、とりわけ事務局は
公正な審査が行われるように、公募から申請受理、審査会の運営などに最
善を尽くしています。また、決定後にも、個人的に惜しいなあと思われる
案件がたくさんあると聞きます。「審査してくださって有難うございます。
今回は残念な結果でしたが、次回またがんばります。これからもよろしく
お願いします」というようなお礼状は一服の清涼剤となります。

　お礼状を送ることで、すぐに何か動くことがあるわけではありません。

しかし、団体として外部とのあらゆる接点を大切にしていくというファンドレイジングの基本から考えれば、「助成金申請→不採択」というのも1つの関係性の構築、「縁」だと思います。仮に不採択であったとしても好印象を持ってもらうことは大事です。こういう積み重ねが、次につながる機会をもたらしてくれるのです。

2. 通らなかった理由を尋ねてみる

これは、前述のお礼状に書き添えてもよいと思います。あるいは、申請のやり取りをしてきた事務局のメールアドレスにメールをしてもよいでしょう。多くの場合、不採択の理由は明示されませんが、今後、同じところに再チャレンジする際にはもちろんのこと、別のところに申請する際にも、通らなかった理由こそが最も知りたいところです。多くの場合「お答えしかねます」という返事になるかもしれませんが、何か教えてもらえるかもしれません。「ダメモト」で聞いてみる価値があります。

3. 事業計画の見直し

不採択になった事業であっても、団体にとってぜひとも遂行したい事業の1つであることには変わりがありません。そこで、2つの視点で申請事業について見直してください。

①この事業を実施する場合、規模や予算や実施時期についての代案はあるか
②資金はどこから調達するか

①については、助成金が取れなかったことで「今はあきらめる」という選択もありますが、申請に至ったという点で社会的に必要とされていることは確かでしょうから、改めて規模や予算や実施時期について見直してみます。とりわけ当初の助成金という資金調達計画が実現しなかったので、その資金源の代替案を考えないとなりません。クラウドファンディングを行う（「4-10 クラウドファンディング」を参照）、寄付を募る、内部留保

245

金を充てる、などいろいろな可能性がありますが、もともと助成金モデルで考えられた計画ですから、「別の助成元を探す」というのも現実的な方法です。

4. せっかく作成した申請書を無駄にしない

前項で「別の助成元を探す」という選択肢を挙げましたが、練りに練った事業計画で助成金申請書を書き上げたのですから、それを再利用しない手はありません。不採択の理由が分かっていたら、その点も次に生かさないといけません。日頃から助成金情報をこまめにチェックして、すぐに別の団体に申請しましょう。

5. 審査に通った団体の案件をチェックする

公募助成の場合、採択団体は必ず公表されます。時には審査員のコメント等も付記されています。不採択になった身としては気が重い作業ですが、ぜひ比較チェックしてみてください。不採択理由を教えてもらえなかったとしても、ここで通らなかった理由が見つかるかもしれません。見つけることができれば、それを次につなげることができます。

助成金は獲得できなくても、その申請過程で大きな学びを得ることができます。事業立案、内部の合意形成、申請書の作成、プレゼンテーション、それらは不採択となったとしても団体を成長させるに違いありません。ぜひとも、果敢にチャレンジなさってください。

事業収入

8-1 非営利団体の事業収入

□ 「営利」と「非営利」の違いは、利益を組織構成員が分配するか分配しないかであって、利益を上げるか否かではない

□ 非営利団体が事業を実施する際には、営利企業のノウハウから学び、社会の課題解決を行う組織という特性を生かして収益を上げていく

□ 非営利団体が「売れるもの」は、社会の課題解決を商品化したものである

非営利団体の財源の安定のためには、助成金や補助金に依存するのではなく、寄付、会費、事業収入といった自主財源の比率を高めていかなければなりません。その一方で、「NPO価格」という言葉が表すように、「NPO（非営利団体）だから、その商品やサービスは安くて当然だ」という考え方をされたりします。ここでは、まず、非営利団体が事業収益を上げることについての基本的な考え方を確認し、非営利団体らしい収益の上げ方について考えます。

---

1. 「営利」と「非営利」の違いについて

「営利団体」とは、経済的な利益を目的として営まれる組織です。そして、その利益は組織構成員が分配します。例えば、株式会社は、株主が出資して会社を運営し、事業からの利益を株主に配当して還元します。

それに対して「非営利団体」とは、経済的な利益ではなく、社会の課題解決を目的として営まれる組織です。そして、利益を上げてもその利益を構成員（会員）に配分せずに、社会の課題活動に還元していきます。つまり「非営利」とは、利益を上げてはいけないという意味ではなく、その利益を配分しないという制約を意味するものです。

この場合の「配分できない」というのは、「利益が出たからといって、会員や寄付者に配当金を出して還元することはできない」という意味です。当然のことですが、団体の従業員に給料を払うことはできますし、一般企

業と同じように賞与も払えます。「NPO（非営利団体）がもうけるのはいかがなものか」という考え方は間違いです。商品やサービスを提供して対価を得ることは問題ありません。

その際、企業の目的が「収益を上げるために活動する」ことであるのに対して、非営利団体の目的は「活動のために収益を上げる」ことだという違いだけは忘れてはならない点です。収益を社会の課題を解決する活動に生かす、すなわち、社会に還元しなくてはなりません。

2. 非営利団体らしい収益の上げ方

NPO法人、公益法人、社会福祉法人などの非営利団体が収益を上げようとして行う事業のほとんどは企業が行っているものと同じ内容です。例えば「レストランを繁盛させる」ノウハウは、規模の違いこそあれ、地域のコミュニティレストランであっても大手チェーン店と共通するものでしょう。そこで、事業に際しては、営利企業のノウハウから学ぶ姿勢が必要になります。

その一方で、社会的な意義を考えると、商品やサービスを営利企業よりも低価格で提供しなくてはならないケースがあるのも非営利団体の特性です。例えば、ある社会課題について啓発を目的とした「映画上映会」を行うとしたら、できるだけ多くの人たちに見てもらうために、一般の映画館より入場料を低めに設定する必要があるでしょう。しかし、非営利団体の商品ということで、一般価格よりも割高でも購入してもらえる場合もあります。障がい者の作業所で作られたクッキーは、スーパーで売られているクッキーより値段が高かったりします。それでも、「あの人たちががんばって作ったもの」ということで購入してもらえます。まさに、ミッションへの共感が購入行動につながるわけです。

そこで、事業自体から収益を上げようとする際に、団体のミッションと事業の収益性の整合性が問われてきます。この「整合性」については「8-2 ミッションとの整合性と収益性」を参照してください。

非営利団体ならではの価値、すなわち社会の課題の解決のための組織という特性を生かして、「共感」による購入やボランティアの「参加」協力

を得ながら収益を上げていくことを考えなくてはなりません。キーワード
は「共感」と「参加」です。このことについては「8-3 『共感』と『参
加』で収益を上げる」を参照してください。

3. 社会課題の解決を商品化する

　非営利団体が収益を上げるためには、何が「売り物＝商品」となるので
しょうか。大きく下記の５本の柱が考えられます。

１）サービスの商品化

　課題の解決につながるサービスの購入者は下記の２つに分けられます。

①課題解決の対象となる当事者

　ミッションに掲げている社会の課題の解決の対象となる当事者から対価
を得るものです。例えば、子育て支援団体による病児保育は、子どもが病
気にかかると保育園では預かってもらえないという、働く母親にとって大
きな課題を解決するために生まれたサービスですが、このサービスについ
ては、当事者である母親が託児料金を払います。また、高齢者への食事の
宅配サービスなども当事者から対価を得て提供されています。

②課題解決に賛同・共感した人

　コミュニティカフェやコミュニティレストランは、地域コミュニティの再
生というミッションに賛同する人が集う場で、来店者はそこで提供される飲
食サービスに対して対価を払います。オンライン英会話事業を通じてフィリ
ピンの貧困問題の解決に取り組む団体の英語レッスンを受ける人は、単に安
価な個人レッスンというだけではなく、その背景にあるフィリピンの若者の
夢と自立を実現するミッションに共感していることが考えられます。

２）モノの商品化

　いわゆる「物販」にも２つのタイプがあります。

①ミッションと直結した商品

　代表的なものは、途上国支援団体が、現地の人たちの自立支援活動の中
で生産された、例えば工芸品などをオンラインやイベントで売る場合です。

環境団体がエコバッグやマイ箸を販売する、障がい者支援団体が作業所で
つくられたクッキーを販売するというのも、このタイプです。

②活動の資金調達を目的とした商品

団体のロゴ入りバッグなどを販売したり、マスコットをプリントしたタ
オルやTシャツを売ったりするなどして資金調達する団体も多くあります。
企業と連携した寄付付き商品(商品の売り上げの一部が団体に寄付される)
もこのタイプです。

3)場所の商品化

「NPOセンター」と呼ばれる地域の中間支援組織の施設では、会議室を
時間貸しして収益を上げていることがあります。また「インキュベーショ
ンオフィス」として、デスク付きのブースを貸し出して社会的企業の支援
をしている団体もあります。コミュニティカフェなどが、食事時間帯以外
にカフェを「習い事の教室」などに貸し出すのもこのタイプです。

4)イベントの商品化

大規模なチャリティーコンサートやシンポジウムなどから地域のプレー
パークの焼き芋大会まで、非営利団体が行うイベントへの参加費、また、
海外の活動の現場を訪ねるスタディツアー参加費もこのタイプです。

5)情報の商品化

社会課題の解決の専門家としての知見は、貴重な情報として十分に商品
価値のあるものです。書籍にして販売する、セミナーを開催する、あるい
は講師派遣など、いろいろな形態があります。商品化によって収益を得る
ことと同時に、社会の課題についての啓発にもつながることで、非営利団
体にとってはミッションとの整合性の高いものです。

最近は、企業なども社内研修に非営利団体から講師を招くことが増えて
います。これから進出する途上国で長年活動してきた団体から学ぶ、ワー
クライフバランスについて子育て支援団体から学ぶ、ハラスメント防止の
ために人権団体から学ぶなど、その専門性が評価されています。

事業収入

8-2 ミッションとの整合性と収益性

━━━━━━━━━━━━ ポイント ━━━━━━━━━━━━

- □ 非営利団体が収益を上げるための事業を行う際に、その事業のミッションと収益性が一致することが望ましい
- □ ミッションとの整合性は高いが、収益が上がらず持続性が危うい事業は、事業収入以外から資金を調達して補てんしたり、ボランティアや物品寄付で経費を削減するなどして解決を図る
- □ 非営利団体では、活動目的から外れた事業を展開する際の制約が法人格ごとに決められているので、ミッションと整合性のない事業を展開する際には注意すること

> 非営利団体が収益を上げるための事業を行う際に、その事業のミッションと収益性が一致しない場合があります。ミッションと収益の整合性についての基本的な考え方と、それらが一致しない場合の解決策を解説します。

事業の持続可能性を考えた場合、ミッション達成にとって大きな意味があり、かつ収益もしっかり上げている事業の持続可能性は高くなります。逆に、ミッション性が低くて収益も上がらない事業は、そのまま持続する必要がないと見なされます。問題なのは、非営利団体が収益を上げるための事業を行う際に、その事業のミッションと収益性が必ずしも一致せず、ミッションとの整合性は高いけれど収益率が低い、ミッションとの整合性が低いが収益率は高い、といった状況が多々生じることです。

1. 具体的な事例から考える

例えば、事業収入について、里山保護団体を想定して考えます。

物販：団体ロゴ入りキャップ（帽子）
参加費：子どものための体験学習型キャンプの開催（年4回）

252

シニア里山ウオーキングクラブ（月2回）
出版：里山保護活動の歴史を書いた本を電子書籍で自費出版
宿泊所：ペンション経営
製造：里山整備で出る木材を使ったペレットストーブ燃料の製造

上記の事業を下記に分類します。

	ミッションとの整合性が低い	ミッションとの整合性が高い
収益性が高い	ペンション経営	ペレットストーブ燃料の製造 シニア里山ウオーキングクラブ
収益性が低い	団体ロゴ入りキャップ（帽子）の販売	子どもの体験学習型キャンプ 里山保護活動の歴史を書いた電子書籍

では、それぞれの持続可能性を表情で表してみます。

	ミッションとの整合性が低い	ミッションとの整合性が高い
収益性が高い	☺ ？	☺ ○
収益性が低い	☹ ×	☹ △

　さらに、上記の事業について、どのような状況か、持続可能性はどうか具体的に考えてみましょう。

1）里山整備で出る木材でペレットストーブ燃料の製造

　里山整備の副産物を用いて、製造方法を公開したり、製造現場の見学会などを行ったりしながら事業を展開しています。個人宅にストーブを設置するブームに乗って、オンラインでの直販、ホームセンターなどからの注文も多く、大きな収益を上げています。まさに、ミッションにふさわしい、しかも優良事業です。持続可能性は大です。

2）シニアの里山ウオーキングクラブ

　ゆとりのあるシニア層をターゲットとしていて、しかも会費制なので安定した収入源になっています。「歩くだけなのに会費を払ってくれる」のは、参加しているシニアがこの土地の里山保護活動に賛同してきた人たちだということと、クローズドなサークルという安心感がシニア層にマッチしたからです。このクラブのメンバーが「子どもたちと里山を歩く会」も定期的に企画してくれて、啓発活動にも貢献してくれています。持続可能性大です。

3）子どものための体験学習型キャンプの開催

　次世代の里山保護の担い手の育成ということで、ミッションとの整合性は高いとみなされます。しかし、多くの子どもたちの参加が望まれ、全4回の参加をしてもらう前提なので、参加費を低めに設定する必要があります。準備段階からの人件費、広報費、宿泊費用、食費、さらに安全のために多くの職員が引率者として同行するといった経費を積み上げると、収益性は低くなり、場合によっては赤字になる可能性もあるので、持続可能性が危ぶまれます。

4）里山保護活動の歴史を書いた電子書籍

　同じく、ミッションとの整合性は高いものの収益は低いのが電子書籍です。研究者や一部の関心層が時折購入しますが、あまり売れていません。ただ、里山保護活動の歴史を残すことには重要な意味があります。電子書籍なのでほとんどコストもかからないことから、そのまま残しておいてよいと考えられます。持続可能性という点では「そのまま」でしょう。

5）ペンション経営

　里山保護の拠点としてスタートした合宿所が、現在はペンションとなっています。繁盛していて安定した収入源としての意味は大きいのですが、説教がましくなってリゾート気分が損なわれてはいけないという考えから、あえて里山保護を訴えることもせず、単なる手軽なリゾート施設として存

在しているのが現状です。収益が上がっているのでよしとされていますが、それなりの手間と管理体制が必要とされ、自然保護活動に従事したいと考えている担当の職員のモチベーションは高くありません。持続可能性という点では、総会や理事会では、時折その存在意義が問われています。

6）団体ロゴ入りキャップ（帽子）の販売

シニアのウオーキングクラブのメンバーやペンション宿泊者に売ろうと始めましたが、もともと帽子持参で参加する人たちが多く、デザインがよくないせいか、まったく売れていません。在庫の保管に事務所の倉庫を占領しているのも問題です。イベントのお土産にする、会員へのギフトにするなど処分をして、販売事業を終了させることが検討されています。

2. ミッションとの整合性と収益性が一致しない場合の解決策

まず、ミッションとの整合性は高いが、収益は上がらず持続性が危うい場合の解決策は2つあります。

1）事業収入以外から資金を調達して補てんする

その事業にかかる経費は、どこか別の資金源から調達する必要が出てきます。寄付や会費を充てることで持続させる、あるいは助成金や補助金を獲得するなど、非営利団体ならではのファンドレイジングによって事業を継続させることを考えます。

2）経費の削減

非営利団体ならではの経費削減方法も有効です。ボランティアの協力、物品の提供などで経費自体が低くなれば収益率は上がります。例えば子どもたちのキャンプの場合、営利企業の子ども向けツアーにボランティアスタッフが引率者に加わることはなくても、非営利団体なら目的に賛同した人が協力してくれます。また、キャンプで必要な食材を地元の企業が協賛として寄付してくれる、旅館などを低価格で提供してもらうということも考えられます。コストを抑えることで収益率が高まります。

次に、収益はもたらすけれども、ミッションとの整合性が低くて事業持続が疑問視される場合の解決策を見ていきましょう。これも２つあります。

①ミッションに結び付ける

先のペンションの場合、シーズン中は一般向けのリゾート施設として営業するとして、それ以外の時にはエコツアーの宿泊所とするといった本来の目的に沿った運営をすれば、ミッションとの整合性が高まります。エコツアーだと一般客と同じような宿泊費が取れないと思われるかもしれませんが、それは思い込みかもしれません。リゾート施設として運営してきたノウハウを生かして、「安かろう、悪かろう」の逆を目指してはどうでしょう。「他の非営利団体のエコツアーよりお料理がおいしい！」といった評判が立つかもしれません。また、一般客も、実は「里山について学ぶ」ことを求めているかもしれません。里山の生物を観察するオプショナルツアーなどを実施して、それを通じて団体の里山保護活動について知ってもらえたら、まさにミッションとの整合性と収益性の両立がかないます。

②事業従事者をできるだけ切り分ける

安定した事業であれば、その部分の事業については、別枠で職員を募集するのも一案です。先のペンションで言えば、料理は専門スタッフを雇用して、管理人は既存の団体職員が従事していたとします。その職員は、もともと自然保護活動に関心をもって就職したのに、なぜ接客業をしなくてはならないのかと不満を抱いていたのかもしれません。持ち回りで担当をしていたとしても「貧乏くじ」のように感じていては事業実施にさしさわりがあります。ただ、団体内で事業ごとに担当者を切り分けすぎると、前項のような「ミッションへの回帰」ができなくなります。気づいたら「里山保全とは程遠い、エコに反する事業になっていた」などということにならないためにも、切り分けすぎには気をつけなくてはなりません。

３）非営利組織としての要件を守る

非営利組織として税制優遇を受けている中、活動目的から外れた事業を展開する際の制約が法人格ごとに決められているので、ミッションと整合性のない事業を展開する際には、確認して順守してください。

8-3 「共感」と「参加」で収益を上げる

ポイント

□ 非営利団体ならではの強みを生かした収益の上げ方として、「共感」に
よる購入があり、そのために商品やサービスにメッセージを盛り込む必
要がある
□ 参加型で事業を展開することで、販路の拡大、人件費の削減、商品開発
が図れる

> 収益を上げていく際に、企業と同じことをして競合していくのではなく、非
> 営利団体ならではの強みを生かした収益の上げ方を2つのキーワードで見て
> いきます。それは「共感」と「参加」です。

1. 共感

1）共感による購入

　例えば、環境団体が販売しているエコバッグをイメージしてください。
買い物にエコバッグを持参するのが一般化してきた中で、さまざまなエコ
バッグが売られています。ちょっとしたブランドものなら、買い物袋以上
のおしゃれな装いとして、通勤などにも使われています。価格も、大手の
スーパーのレジの近くなどで、とても丈夫そうでデザインも素敵なエコ
バックが安価で売られています。

　では、誰が環境団体のエコバッグを買うのでしょうか。それは団体の活
動に共感している人たちです。寄付者や会員が、団体のイベントの際や、
団体のウェブサイトから買うのです。いわば、共感による購入です。

　団体の支援者にとっては、エコバッグのデザインや値段も大事ですが、
それ以上に「応援している団体のグッズ」という点が大事なのです。時に
は、そのロゴや描かれているメッセージを他者に見せることで、「自分は
こういう社会貢献意識を持っている」ということをアピールしたいと感じ
ているのかもしれません。さらに、そのことを伝えたくなると、知り合い

などに、「これ、かわいいでしょ。ほら、あそこの海岸のウミガメ保護団体のバッグなの」と見せたり、場合によっては誰かにプレゼントしたりします。雑貨屋などで買ったものよりも値打ちがあると考えるのが支援者です。そこで商品には、共感を得るためのメッセージを込めることが必要となります。

2）メッセージを盛り込む

　共感による購入は、商品であれサービスであれ、最初の購入者となる可能性が高い既存の支援者、彼らが共感している団体のミッションが、商品やサービスに反映されていることが必要です。「売り上げが活動資金になるから買いましょう」なら、事務所の不用品バザーでいいかもしれませんが、ここで共感購入する人たちには、「団体から社会へのメッセージ」という付加価値が必要となります。先のエコバッグなら、環境保護をイメージさせるデザインや団体ロゴがプリントされていたり、簡単な団体紹介のカード「このバッグは、○○に取り組む○○の会がつくったものです。環境に優しい社会の実現にご協力ください」というようなメッセージが、バッグに添えられていたりすると効果的でしょう。同時に、「自分が共感しているものを誰かに伝える」ためのツールとなる可能性があるので、そのメッセージは分かりやすく、かつ親しみの持てるものがよいでしょう。エコバッグを例にすれば、環境破壊に対する強い抗議文が添えられていたら、それを気軽なプレゼントにするのはためらわれるかもしれません。あるいは、バッグのデザインに、「No !」「STOP !」などと大きく書かれていたら、支援者さえも毎日の買い物に使おうとは思えません。

　コミュニティレストランとファミレスが同地域にあって、メニューの豊富さや価格ではファミレスが優位だとしても、そのコミュニティレストランの運営団体の「優しさでつながる地域づくり」や「みんなの居場所づくり」といったミッションに共感している人たちなら、そこに食事に行くでしょう。そして、地域の食材を使った家庭的な料理、地域の人たちが働いている、お年寄りが1人で行っても誰かが声を掛ける、といった状況を目にしたら、さらに共感して、次は家族や友人を連れてこようと考えるわけ

です。社会へのメッセージを軸に、共感の輪が広がることで、非営利団体らしい販促が実現します。

2. 参加

　非営利団体では、寄付者、会員、ボランティアといった「支援者」と呼ばれる人たちがさまざまな立場と方法で団体の運営に参加して、課題解決活動を支えています。事業で収益を上げていく際にも、支援者の参加による協力が期待されます。具体的には、下記の3つの協力が期待できます。

1）販路の拡大

　前項で「支援者が顧客を連れてきてくれる」ことを説明しましたが、販路の拡大にも貢献してもらえます。例えば、支援者が経営する店舗で商品を販売してくれる、あるいは知り合いの店舗を紹介してくれるといった可能性です。

2）人件費削減

　事業にボランティアとして参加してもらうことは、人件費の軽減で収益率の向上が期待されます。時間と労力を提供してくれるボランティアは、非営利団体ならではの貴重な人的資源です。具体的には、商品の発送作業、在庫管理、あるいはサービス提供時にスタッフとして手伝ってくれるということで、事業の際に最も大きな負担となる人件費の削減に寄与してもらえます。

3）支援者による商品開発

　団体のミッションに共感している支援者ならではの事業への助言が、新しい商品開発につながります。例えば、コミュニティカフェのスタッフを地域の女性がボランティアで務めているとします。支援者でもあるその人は、何人かのお年寄りが決まった時間帯にコーヒーを飲みにくることに気づきます。そこから顔見知りの会話が始まっていることにも気づきます。それぞれが編み物や手芸等を趣味にしている話も耳にします。そのコミュ

ニティカフェの運営団体の「優しさでつながる地域づくり」や「みんなの居場所づくり」といったミッションに共感しているボランティアは、早速レストランの一角のテーブルをつなげて、お茶とケーキを楽しみながらお年寄りが教える「手芸教室」のアイデアを出して実現し、食事時間帯以外の集客にもつなげていきます。

　それを見た別の支援者は、知り合いの著名な手芸家を年に数回、ボランティア講師として招くことを提案して、人気イベントの開催につなげます。また、レジの横で手芸品の物販も行うなど、いろいろな収益の上げ方が実現します。

　非営利団体の強みである「参加のチカラ」を生かして収益を上げていくためには、積極的に支援者の参加を促し、その声に耳を傾け、事業を進めていく姿勢が求められます。

8-4　収益を上げる事業の立案

ポイント

□ 事業計画の立案は「6W2H」の枠組みで精緻につくり上げる
□ 最も大事な「why ＝なぜ、この事業を行うのか」を明確にする

> 事業からきちんと収益を上げるために、どういった事業を行うのか、事業の実施のためにかかる経費はどれくらいか、それに対してどの程度の期間にどれくらいの「売り上げ」を上げていくのか、こうしたことを考えて、事業計画をきちんと立てていく必要があります。ここでは「6W2H」による立案を解説します。

　非営利団体の活動の中には、事業自体が収益をもたらさないものも多々あります。例えば、ホームレス支援では、その地域のできるだけ多くの対象者へ、できれば地域を拡大して支援活動を展開したいものですが、当事者は支払い能力がない状態ですから、支援すればするほど支出が増えます。そこで、活動に共感する人たちからの寄付、あるいは地域の課題を解決したい地元自治体や企業などからの補助金や寄付で資金を調達して活動を続けることになります。

　それに対して、収益を上げることを企図した事業は、事業単体での収支において「プラス」になることが求められます。そこで、事業からきちんと収益を上げるには、どういう事業を行うのか、事業の実施のためにかかる経費はいくらか、それに対してどのくらいの期間にどのくらいの売り上げを上げていくのか、綿密な事業計画を立てていく必要があります。

　事業計画の立案に当たっては、「6W2H」の枠組みで綿密に考えることが有効です。

　6W2Hとは、「Why」「What」「Where」「Whom」「When」「Who」の6つのWと「How to」「How much」の2つのHを表しています。

1. Why?

なぜ、この事業に取り組むのか。非営利団体の存在目的は「社会の課題解決」ですから、この部分が明確でなければ事業を行う意味がありませんし、共感も得られません。

事業の内容によっては、団体のミッションとの整合性が希薄に感じられるものがあるかもしれません。非営利団体である限り、本来の活動目的とどう整合性があるかを明確にすることが社会的に求められます。非営利団体は会員、寄付者、助成財団、ボランティアなどの支援者に共感してもらわなくては、活動を行って、社会を変えていくことはできません。新しい事業を立ち上げる際には、「資金を稼ぐ」以上に「大義名分」がないと、支援者を失いかねません。もちろん、事業の中には「事務所脇の空き地を駐車場にして貸し出す」といった「資金稼ぎの副業」もあり得ます。それでも、「何のためにその資金がいるのか、それを使ってどういう活動を展開していくのか」を明確にしたいものです。

2. What?

何をするのかという、商品やサービスの具体的な内容です。どんな商品やサービスを提供しようとしているのかが不明瞭では事業として成立しません。

3. Where?

どこでその事業を行うかということです。具体的は商品やサービスが売買される場所です。これは「○○市内」といった地域を示すこともありますが、昨今では「オンライン上」が取引の場所になる場合もあります。

4. Whom?

誰に対して、どんな人たちにその商品やサービスを提供するのかを明確にしておかないとなりません。「できるだけたくさんの人に」というのでは、誰にも満足してもらえないことになりかねません。

5. **When?**

　具体的なスケジュールを立てなければ、時間だけが過ぎていく、あるいは資金調達もできないままに事業実施が先送りになってしまいます。

6. **Who?**

　誰がその事業を担当するのか、その事業を進める上でどういう人がふさわしいのか、現在のスタッフで能力的にも実行可能なのかを検討します。もし、新たな人材を必要とするなら、そのための時間や経費も計算しないとなりません。また、非営利団体ならではのボランティア参加も視野に入れます。

7. **How to?**

　一言でいえば「どう成功させるか」です。事業を成功させるためには、どのように団体の強みや独自性を生かしていくかを考えなくてはなりません。同じような事業を同一の地域で行っている団体や企業があった場合、それらの競合相手とは違うものがなければ事業の展開は困難になります。

8. **How much?**

　立ち上げの資金、運営の資金、それに対して売上高や利益の目標はいくらにするのか試算します。継続的に実施する事業なら、初年度から3年間くらいの収支目標を立てておかないと、事業の成果の測定もできません。また資金については、それがどのタイミングで必要になるのかを事業計画や売り上げ見込みと合わせて検討し、資金調達計画を立てる必要があります。

　非営利団体にとっては、最初の「W」の「Why?」が最も重要です。「なぜ、この事業を行うのか」をしっかり考えて、言語化することが大切です。そして、それをきちんと伝えられなかったら、社会からの協力や支援は得られないでしょう。

8-5 事業を伝えるエレベータートーク

☐ 事業計画をエレベータートークにまとめて、おおよそ1分くらいのスピーチで話せるようにしておくと、支援を募るチャンスを逃さない

☐ エレベータートークの最後に、おおよそ「何を求めているのか」を示しておくと、「面倒なことを頼まれたら大変だ！」と思われない

> 事業への協力を募るために、事業計画をエレベータートークにまとめて、おおよそ1分くらいのスピーチで話せるようにしておきましょう。その方法を解説します。

　事業の実施には、初期費用が必要な場合があります。また、物品や場所の提供、商品やサービスの購入、販路の拡大など、団体外部の人たちからの支援や協力を得られることが事業の実施に大きな助けになる場合もあります。

　そのためには、簡単に事業計画を語れるようにしておく必要があります。内部では「6W2H」を議論し、綿密な計画を練っていたとして、外部の人に初めからすべてを聞いてもらえる機会は滅多にありません。団体の支援者が集まる機会に簡単に説明して、詳細は資料として配布し、関心を抱いた人には別途集まってもらって協力を仰ぐ、あるいは有力な支援者や企業等に対して、まずは簡単にまとめた書状を送り、面会を依頼して、後日詳しく説明して支援を請うといった手法が求められます。

　その時のために、事業計画をエレベータートークにまとめて、おおよそ1分くらいのスピーチで話せるようにします。これで関心を持ってもらって、後日より詳細な説明と具体的な支援を依頼する機会を得るわけです。エレベータートークについては、「3-2 エレベータートーク」でも説明しましたが、原稿を書くとすれば字数は300文字から350文字。人が1分間で話す量の平均がそのくらいだからです。今回は、事業への協力を求める

のが目的ですから、最後の「よろしくお願いいたします」の部分には、下記のような簡単な依頼ごとを書きます。

例）

- 一度、ご面会して事業へのご助言をいただきたいので、よろしくお願いいたします。
- ○○月○○日から立ち上げ資金のクラウドファンディングを始めるので、ご協力よろしくお願いいたします。
- この商品を販売してくださる地域の商店をご紹介いただきたく、一度ご相談に伺いたいので、よろしくお願いいたします。
- ○○月○○日に開店しますので、お立ち寄りください。詳細は別紙のチラシをご覧ください。お待ちしております。
- この事業はご支援者とともに進めていきたいと考えています。○○月○○日にボランティア説明会を開催しますので、ご参加ください。

このような「お願い」を盛り込んで、おおよそ「何を求めているのか」を示しておくと、「面倒なことを頼まれたら大変だ！」と思われないでしょう。これを元に手紙を書くこともできます。ビデオメッセージにして団体のホームページに掲載してもよいでしょう。エレベータートークの基本通りに、「全てを語ろうとしない」「まずは関心を持ってもらう」という2点に注力して文章化してください。この文章を団体内で共有して、事業への協力を得るツールにしてください。

次ページに1分で話したい内容を360文字にまとめた例を掲載します。これを目安にして、事業への支援を依頼するエレベータートークを書いてみてください。

〈エレベータートークの例〉 ※架空の団体です

　環境教育ネットの鈴木太郎です。私たちは、未来の地球を担う子どもたちに、人と地球環境との関わりに関心を持ってもらい、環境を守ることの大切さを伝える活動を行っています。

　具体的には子どもたちの自然体験教室を開催したり、小学校の先生方と環境教育プログラムを開発したりして、各地の小学校の総合学習の時間に実施してもらっています。

　今回、子どもたちがより楽しく環境について学べるゲームを開発しようと計画しています。環境をテーマに、未来の世界を擬似体験することによって、そこに存在するさまざまな環境問題について学び、その解決の道について考えることを目的としたシミュレーションゲームです。すごろくとカードを合わせたものをイメージしています。

　ぜひ御社にご協力いただきたく、一度ご説明にお伺いさせてください。よろしくお願いいたします。

　この本を最後までお読みいただき、ありがとうございました。

　欧米では50年以上前から「ファンドレイザー」が職業として認知されていて、ファンドレイジングについて体系的に学び、その職能を身に付ける機会が大学や民間機関を通じて提供されています。ファンドレイジングに関連する図書も数多く出版されています。

　他方、多くの日本の非営利団体の資金調達は、それぞれの団体内で試行錯誤を繰り返しながら、その団体なりの手法で行われているのが現状です。そこで、団体の規模や分野などを超えて一般化できる、体系的なファンドレイジングの手法について本書にまとめました。

　ファンドレイジングの知識や経験が体系的に蓄積されていかないと、臨機応変に活用できませんし、スタッフ間で共有することもできません。また、自団体に足りないものの見極めもできません。ぜひ、読者の皆様がファンドレイジングの現場で体得されたことや各種セミナーなどで学ばれたことを整理して、本書で提示した観点なども加味しながら、戦略的なファンドレイジングに取り組んでくださることを心より願っております。

　以前、国際的ファンドレイザー認証機関ＣＦＲＥ（Certified Fund Raising Executives）Internationalのエヴァ・アルドリッヒ会長とお話しする機会があったのですが、彼女は、「ファンドレイジングは学び続けることが大事だ」と言われました。新しいツールや手法も日々生まれてきています。20年前には誰も今のような「クラウドファンディング」を想像できなかったでしょう。私自身、進歩するファンドレイジングの世界の中で、自己研鑽し、情報発信を続け、非営利セクターの発展に貢献していきたいと思っています。

「ファンドレイジング」は、共感を軸にして、資金を募る人たちと提供する人たちをつなげて、社会に善意の資金循環をもたらすものです。そして、善意の資金循環が世代を超えて受け継がれていけば、私たちの未来はきっと良いものになると確信しています。

　最後になりましたが、私が非営利セクターで仕事をする最初の機会をくださった日本フィランソロピー協会の高橋陽子さん、日本ファンドレイジング協会の設立という大きなプロジェクトに携わる機会をくださったシーズ・市民活動を支える制度をつくる会の松原明さんと、共に協会設立準備に明け暮れた関口宏聡さん、そして、長年にわたってファンドレイジングについてご教授いただいている日本ファンドレイジング協会の鵜尾雅隆さん、いつも感謝しています。この4人の方たちへの感謝の気持ちは、とても言葉では言い尽くせません。

　本書の執筆の機会をくださった、時事通信出版局の坂本建一郎さんに、心よりお礼申し上げます。本書を出版するきっかけをくださった、企画のたまご屋さんの宮本里香さんにも感謝の気持ちでいっぱいです。

　そして、これまで、私のファンドレイジングセミナーにご参加くださった皆さま、皆さまとの対話があったからこそ、この本が書けました。ありがとうございました。

2017 年 2 月 吉日

徳永洋子

【著者紹介】

徳永 洋子 (とくなが・ようこ)

ファンドレイジング・ラボ 代表
日本ファンドレイジング協会 理事
法政大学・相模女子大学　非常勤講師

東京都出身。大学卒業後、三菱商事に勤務。1998年から日本フィランソロピー協会で視覚障害者向け録音図書のネット配信事業「声の花束」を担当。2000年より「シーズ・市民活動を支える制度をつくる会」で、主に非営利団体のファンドレイジング力（資金調達力）向上事業に従事。そのプロジェクトの一環として、日本ファンドレイジング協会設立を担当し、2009年2月、同協会設立と同時に同協会事務局次長となり、2012年6月より2014年12月末まで同協会事務局長を務めた。現在、同協会理事。
2015年2月に「ファンドレイジング・ラボ」（http://fundraising-lab.jp/）を立ち上げ、非営利団体のファンドレイジング力向上と寄付文化の醸成を目指して、講演、コンサルティング、執筆などを行っている。これまで全国で400回におよぶファンドレイジングセミナーに講師として登壇。受講者は2万人を超えている（2023年7月現在）。

改訂新版　非営利団体の資金調達ハンドブック
ファンドレイジングに成功するポイントのすべて

2017年3月30日　初版発行
2020年11月16日　第5刷発行
2023年8月20日　改訂新版

著　者：徳永 洋子
発行者：花野井 道郎
発行所：株式会社時事通信出版局
発　売：株式会社時事通信社
　　　　〒104-8178　東京都中央区銀座5-15-8
　　　　電話03(5565)2155　http://book.jiji.com

印刷／製本　藤原印刷株式会社

時事通信社・刊

奇跡のフォント——教科書が読めない子どもを知って UDデジタル教科書体開発物語

高田 裕美 著

◆四六判 二四〇頁 一九八〇円（本体一八〇〇円＋税）

書字障害の子どもでも読みやすい教科書用の書体「UDフォント」開発に至るまでの、試行錯誤と工夫を明かしたノンフィクション。足掛け8年を費やし、教育現場で大活躍しているフォントを作った書体デザイナーの情熱の物語。多様性の時代における教育・ビジネスのヒントになる感動の一冊！

辞めない社員の育て方——人は嬉しくて、会いたい人のところに集まる

大久保 俊輝 著

◆四六判 一七六頁 一九八〇円（本体一八〇〇円＋税）

若い人の気持ちが分からない。コミュニケーションが取れない。そんな悩みはありませんか？ 嫌がられない「おせっかい」のやりかたとは？ 辞めない社員を育てるための組織、リーダーのたたずまい、環境、そして意欲と能力を引き出す方法と育て方の極意——。異色の教育者が教える「辞めない社員の育て方」とは？

底辺営業マンがNFTに出会い100日で人生が変わった話

うじゅうな 著

◆A5判 一二八頁 一四三〇円（本体一三〇〇円＋税）

近年、新たな投資先として注目を集めるデジタル資産「NFT」。そんなNFTを知識ゼロから始め、安月給・貯金ゼロサラリーマン生活と決別し、人生を一変させるまでをつづった若者の4コマ漫画エッセー。関係者の間で大きな話題を呼んだ配信作品に、新たな描き下ろしを多数加えて、ついに書籍化。Web3時代の新しい生き方がここに！